# Traumhafte Urlaubsziele

WHITE STAR VERLAG

Texte von
**JASMINA TRIFONI**

**Herausgegeben Von**
VALERIA MANFERTO DE FABIANIS

**Grafische Gestaltung**
PAOLA PIACCO

**Herausgeberische Koordinierung**
LAURA ACCOMAZZO
GIORGIA RAINERI

*2-3* • Der zauberhafte Ort Thira, Santorin, Griechenland.

*4-5* • Skifahren in der unberührten Natur der Kanadischen Rocky Mountains.

*9* • Die Iguazú-Wasserfälle zwischen Brasilien und Argentinien.

*10-11* • Eine Safari im Masai Mara Park in Kenia.

*12-13* • Der Strand der Bucht Anse Source D'Argent auf der Insel La Digue, Seychellen.

*14-15* • Die berühmten Felsformationen des Monument Valley in den Vereinigten Staaten.

*16-17* • Entlang am Li-Fluss unweit der Stadt Guilin, China.

# Traumhafte Urlaubsziele

# INHALT

## REISEN ZUM TRÄUMEN

| | | |
|---|---|---|
| EINLEITUNG | S. | 18 |
| EUROPA, GEBOREN UM ZU VERZAUBERN | S. | 30 |
| AFRIKA, DER ATEM DER NATUR | S. | 160 |
| ASIEN, FASZINATION OHNE GRENZEN | S. | 232 |
| OZEANIEN UND PAZIFIK, DIE GLÜCKLICHEN INSELN | S. | 340 |
| AMERIKA, IMMER WIEDER EINE ENTDECKUNG | S. | 392 |
| REGISTER | S. | 498 |

## Einleitung

Den Sinn für das Wunderbare – das Schöne und das Evokatorische – besitzt die Menschheit seit jeher. Ebenso sind jedem Menschen Wissensdurst und Entdeckungslust angeboren und - wer weiss warum - das Bedürfnis, Ranglisten aufzustellen und Sieger zu erküren. Es ist kein Zufall, dass die berühmte Liste der sieben Weltwunder auf die Zeit Alexanders des Grossen zurückgeht. Dem Welteroberer war es nämlich gelungen, die Grenzen der bekannten Welt vom Becken des Mittelmeers bis in entfernteste Gebiete auszudehnen. Mit der Liste wollte man nicht nur Orte, sondern auch und vor allem das Genie des Menschen würdigen: die „wunderbaren Sieben" waren ebenso grandiose wie gewagte Bau- und Kunstwerke. Bis in unsere Zeit überdauert hat von diesen nur die Cheops-Pyramide auf der Hochebene von Gizeh in Ägypten, die anderen – angefangen bei den Hängenden

• Das Taj Mahal spiegelt sich im Wasser des heiligen Flusses Yamuna in Agra, Indien.

# Einleitung

GÄRTEN VON BABYLON BIS HIN ZUM KOLOSS VON RHODOS – SIND HEUTE NUR NOCH FASZINIERENDE RÄTSEL FÜR ARCHÄOLOGEN UND REISENDE. MACHEN WIR NUN EINEN AKROBATISCHEN ZEITSPRUNG VON DER ANTIKE IN DAS INTERNETZEITALTER: IM JAHR 2000 (ANLÄSSLICH DER OLYMPISCHEN SPIELE IN SYDNEY) HATTE DIE SCHWEIZER GESELLSCHAFT NEW OPEN WORLD CORPORATION DIE IDEE, PER WELTWEITER ONLINE-ABSTIMMUNG EINE NEUE LISTE DER WUNDER UNSERES PLANETEN ZU ERSTELLEN. DIE INITIATIVE HATTE EINEN DERART GROSSEN ERFOLG, DASS IM ANSCHLUSS AN DIE OFFIZIELLE BEKANNTGABE DER SIEBEN AUSSERGEWÖHNLICHSTEN MENSCHENGEMACHTEN WERKE DER WELT EIN WEITERER WETTBEWERB FÜR DIE ERMITTLUNG DER NEUEN SIEBEN NATURWUNDER INITIIERT WURDE. DIE JEWEILS MEISTEN STIMMEN IN IHRER KATEGORIE ERHIELTEN DIE CHINESISCHE MAUER UND DER AMAZONAS. BEIM ÜBERFLIEGEN DER NAMEN DER ANDEREN SECHS WUNDER AUF JEDER LISTE KOMMT JEDOCH LEICHT EIN GEFÜHL DER UNGERECHTIGKEIT AUF. MAN FRAGT SICH ZUM BEISPIEL, WER ODER WAS DEM TAJ MAHAL IN INDIEN EINEN PLATZ (GENAUER GESAGT DEN SIEBTEN) UNTER DEN „MENSCHENWERKEN" EINGEBRACHT UND DAGEGEN DIE

## Einleitung

TEMPEL VON ANGKOR IN KAMBODSCHA ODER DIE SCHLÖSSER DER LOIRE IN FRANKREICH AUSGESCHLOSSEN HAT. ODER AUCH, WARUM UNTER DEN NATURSCHÖNHEITEN DIE VICTORIAFÄLLE UND DIE NIAGARAFÄLLE ZU GUNSTEN DER DRITTPLATZIERTEN IGUAZÚ-WASSERFÄLLE ÜBERGANGEN WURDEN. UM DIESE FRAGE BEANTWORTEN ZU KÖNNEN, MUSS MAN EINERSEITS TECHNISCHE ÜBERLEGUNGEN ANSTELLEN. DURCH DIE ABGABE PER INTERNET, DEM DEMOKRATISCHSTEN KOMMUNIKATIONSMITTEL DER WELT, HABEN DIE STIMMEN SOZUSAGEN EINEN LOKALPATRIOTISCHEN EFFEKT ZU SPÜREN BEKOMMEN: BEI GROSSEN ZAHLEN GIBT ES KEINEN WETTBEWERB, DIE CHINESISCHEN, INDISCHEN UND BRASILIANISCHEN WEB-NUTZER WERDEN STETS DIE OBERHAND BEHALTEN. AUF DER ANDEREN SEITE MUSS MAN DEN VERSTAND AUSSCHLIESSEN: JEDER VON UNS HAT SEINEN LIEBLINGSORT, DEN ER KENNT UND LIEBT ODER MIT EINER UNAUSLÖSCHLICHEN ERINNERUNG VERBINDET. ODER AUCH EINEN ORT, DEN ER ZWAR IN WIRKLICHKEIT NOCH NIE GESEHEN HAT, VON DEM ER JEDOCH SCHON IMMER TRÄUMT. KURZ: AUF DER ERDE GIBT ES EBENSO VIELE WUNDER WIE ERDENBEWOHNER.

## Einleitung

AUFGRUND DER „BEGRENZTEN" SEITENZAHL KANN AUCH DIESES BUCH, DAS MIT SPEKTAKULÄREN BILDERN WUNDERBARE TRAUMZIELE AUF DER GANZEN WELT ZEIGT, NICHT LÜCKENLOS SEIN. UND BESTIMMT WIRD MANCH EINER BEIM DURCHBLÄTTERN ENTTÄUSCHT SEINEN GANZ PERSÖNLICHEN WUNSCHORT VERMISSEN. DOCH, BITTE VERGEBEN SIE UNS, UM VOLLSTÄNDIGKEIT GEHT ES NICHT: DAS BUCH MÖCHTE EIN OFFENES FENSTER MIT BLICK AUF DIE SCHÖNHEIT UNSERES PLANETEN SEIN, SOWOHL AUF DIE SCHÖNHEIT, ZU DER WIR IM LAUFE DER JAHRHUNDERTE BEIGETRAGEN HABEN, ALS AUCH AUF DIE SCHÖNHEIT DER NATUR, DIE WIR BIS JETZT NOCH NICHT ZERSTÖRT HABEN. DOCH VOR ALLEM MÖCHTE DIESES WERK ZU EINEM GRENZENLOSEN BUMMEL UM DIE WELT ANREGEN - OB NUN DIE NÄCHSTE GROSSE TOUR GEPLANT ODER AUCH EINFACH NUR DIE PHANTASIE AUF DIE REISE GESCHICKT WIRD.

*23* • Farbenfrohe Korallen im Roten Meer.
*24-25* • Die Inkastätte Machu Picchu in Peru stammt aus dem 15. Jahrhundert.
*26-27* • Die Simpson-Wüste im Herzen Australiens.
*28-29* • Surfen auf den Wellen vor der Insel Oahu des Hawaii-Archipels.

# EUROPA, GEBOREN um zu VERZAUBERN

- „Wunder des Westens": Seit vielen Jahrhunderten trägt der Mont Saint-Michel, Meisterwerk der gotischen Architektur, diesen Beinamen.

## EINLEITUNG Europa, geboren um zu verzaubern

Der griechischen Mythologie zufolge war Europa eine phönizische Prinzessin, die mit ihrer Schönheit keinen geringeren als Göttervater Zeus verzauberte. Der Herrscher des Olymp begehrte sie so sehr, dass er, um sie zu haben, die erste und spektakulärste Entführung der (Sagen-)Geschichte organisierte. Ausserdem stammt der Name „Europa" laut Wissenschaftlern aus dem Altgriechischen und bedeutet „weite Sicht", eine Sicht, die verzaubert und stolz vom Mittelmeerbecken bis zu den Grenzen der damals noch unbekannten Welt reichte.

Heute ist die Welt viel grösser – und seine Grenzen sind viel fliessender –, doch das gute alte Europa hält immer noch den Rekord, mehr als jeder andere Kontinent die Geschichte und die Kultur geprägt zu haben. Daher bedeutet ein Blick auf die Orte Europas vor allem, uns selbst und unseren Weg durch die Zeitgeschichte unter die Lupe zu nehmen.

## **EINLEITUNG** Europa, geboren um zu verzaubern

AUF DEN FOLGENDEN SEITEN HABEN WIR FÜR SIE SCHNAPPSCHÜSSE DER WUNDERBARSTEN UND VERLOCKENDSTEN ZIELE EUROPAS „ENTFÜHRT", ANGEFANGEN BEI DEN NOCH URSPRÜNGLICHEN ORTEN, DIE UNSERE HERKUNFT VERDEUTLICHEN. UNTER IHNEN LOCKEN Z.B. – IM HOHEN NORDEN BEGINNEND – DIE SCHNEEWEISSEN, KALTEN LANDSCHAFTEN LAPPLANDS, DIE INSEL ISLAND MIT IHREM ROT GLÜHENDEN HERZ AUS FEUER, DIE SANFTEN GRÜNEN HEIDELANDSCHAFTEN IRLANDS, DIE IMPOSANTE HÖHE DES MONT BLANC, GEOGRAFISCHE UND „PHILOSOPHISCHE" SPITZE DES KONTINENTS, UND DIE DALMATINISCHEN INSELN MIT IHREN MONDARTIG ANMUTENDEN LANDSCHAFTEN INMITTEN DES TIEFBLAUEN ÖSTLICHEN MITTELMEERS. DIE EUROPÄISCHEN NATURSCHÖNHEITEN ERINNERN UNS DARAN, DASS DIE UMWELTERHALTUNG IM DICHTESTBESIEDELTEN KONTINENT DER ERDE ZUALLERERST EIN ABSOLUTER, UNABDINGBARER WERT GEWORDEN IST. EBENSO IST ZU ERWÄHNEN, DASS KEIN ANDERER TEIL DES PLANETEN EINE SO GROSSE VIELFALT AN GROSSARTIGEN, VOM MENSCHEN GE-

## EINLEITUNG Europa, geboren um zu verzaubern

STALTETEN LANDSCHAFTEN BESITZT. UNTER DIESEN BESCHERT UNS EUROPA MAGISCHE UND RÄTSELHAFTE ORTE AUS FERNEN ZEITEN, DIE AN DEN SONNENKULT GEBUNDEN SIND, WIE Z.B. DIE MEGALITHKREISE VON STONEHENGE IN ENGLAND, UND FASZINIERENDE NATURBÜHNEN FÜR AUSSERGEWÖHNLICHE BAUWERKE DES SAVOIR-VIVRE, DARUNTER DIE SCHLÖSSER AN DEN LOIRE-UFERN IN FRANKREICH UND BAYERNS MÄRCHENSCHLÖSSER. ANDERE ZIELE WIEDERUM SIND MIT DER GEBURTSSTUNDE DER GOLDENEN ZEITEN DES TOURISMUS VERKNÜPFT, WIE Z.B. DIE CÔTE D'AZUR ODER DIE INSEL CAPRI, MIT DEREN ELEGANTER ATMOSPHÄRE DER ALTE KONTINENT DIE HOLLYWOOD-WELT EROBERTE. DENN DIE SCHÖNSTEN ZIELE EUROPAS BESITZEN AUCH EINE STARKE EVOKATORISCHE KRAFT. DIE GESCHICHTE DER GROSSEN MONARCHIEN WIRD IM MAGISCHEN ST. PETERSBURG DER ZAREN LEBENDIG, DIE GROSSE MUSIK HALLT IM SALZBURG VON MOZART WIDER, DIE WUNDERBARE „ERFINDUNG" DER RENAISSANCE BEGEISTERT IN TOSKANISCHEN ORTEN UND MEISTERWERKEN DER MALEREI UND MYSTISCHE

## EINLEITUNG Europa, geboren um zu verzaubern

RELIGIÖSITÄT WIRD IN DEN METEORA-KLÖSTERN IN GRIECHENLAND SPÜRBAR. UND DIE GESCHICKE, DIE IN GESCHICHTE UND KUNST DIE KONTAMINATION ZWISCHEN DEN KULTUREN EUROPAS UND DER ISLAMISCHEN WELT ZUR FOLGE HATTEN, WERDEN IN DEN PRÄCHTIGEN DENKMÄLERN DES MAURISCHEN ANDALUSIENS ODER IN DEN TRADITIONEN DER ÄGADISCHEN UND ÄOLISCHEN INSELN VOR SIZILIEN GEGENWÄRTIG. JEDES EINZELNE BILD DES ABSCHNITTS EUROPA IST EIN ANREIZ, ENTDECKEN ZU WOLLEN, WAS SICH ALLES HINTER DEN BERÜHMTEN ZIELEN VERBIRGT: SO SCHENKT EINE ANSICHT DER MAJESTÄTISCHEN KLIPPEN DER ALGARVE DEN ANSTOSS ZUM TRÄUMEN (ODER PLANEN) VON EINER REISE ZU DEN ZAUBERHAFTEN ORTEN IM SÜDEN PORTUGALS, WÄHREND DIE „POSTKARTEN" DER BLAUEN KUPPELDÄCHER VON SANTORIN UND DER WINDMÜHLEN VON MYKONOS DIE LUST AUF DIE ERFORSCHUNG DER KLEINEN KYKLADEN WECKEN - BIS SIE SCHLIESSLICH EIN GEHEIMES, AUF SIE GANZ PERSÖNLICH ZUGESCHNITTENES WUNDER ENTDECKEN.

# Abenteuer in der Arktis

*36* • Ein Sprung in das eiskalte Wasser des Bottnischen Meerbusens in Finnland ist der Höhepunkt einer Kreuzfahrt an Bord eines Eisbrechers.

*36-37* • Auf einer Kreuzfahrt durch die norwegische Inselgruppe Spitzbergen ist es möglich, dem Abbrechen der Eisberge von den Küstengletschern beizuwohnen.

*38* • Im Sommer kann man im Nordpolarmeer die Buckelwale sichten, die für die Nahrungsaufnahme hierhin gewandert sind.

*38-39* • Eine Kreuzfahrt zu den Gletschern des Isfjord, der größten Bucht von Spitzbergen, schenkt die Emotion, Eisbären auf Tuchfühlung nahezukommen.

# Island: Feuer und Eis

*40* • Der Geysir Strokkur gehört zum Geothermalgebiet in der Nähe des Flusses Hvítá im Südwesten der Insel.

*40-41* • Im Norden der Insel wartet das Geothermalfeld Hverir mit Fumarolen und brodelnden Schlammtöpfen auf.

42-43 • Die Westfjorde werden auch „der bekannteste Geheimtipp Islands" genannt. Das Gebiet wird von der Arktis eingefasst, die im Winter eisbedeckt ist, und zählt gerade mal 7400 Einwohner.

43 • Die Erscheinung des Polarlichtes verleiht den Gletschern im entlegenen Gebiet der Westfjorde noch größeren Reiz.

## Lappland: Weißes Paradies

Im Winter präsentiert sich die Umgebung von Kuusamo als ein Meer aus verschneiten Bäumen. Dieses zu 90% von Nadelwäldern bedeckte Gebiet beherbergt die berühmtesten Ortschaften-Resorts Finnlands für den Wintersport, mit zahlreichen Pisten für das Freestyle-Skiing.

## In den Fjorden Norwegens

*46-47* • Der von hohen Bergen eingefasste Geirangerfjord mit seiner S-Form ist das Juwel unter den norwegischen Fjorden.

*47* • Eine der Hauptattraktionen des Geirangerfjords sind die auf den Namen Dei Sju Systre, „Die Sieben Schwestern", getauften Wasserfälle.

# Das Mittelalter in Schottland

*48* • Von der Ruine des Urquhart Castle genießt man eines der spannendsten Panoramen der Schottischen Highlands: das unter dem Namen Great Glen bekannte Tal und der See Loch Ness, der seinen Ruhm den „Sichtungen" des sagenhaften Ungeheuers verdankt.

*49* • Die von der gleichnamigen mittelalterlichen Burg beherrschte Insel Eilean Donan liegt am Zusammenfluss der drei Meeresarme, die Loch Duich bilden, und wird von den Cuillin Hills eingerahmt.

*50* • In Aberdeenshire umfasst die Burg Drum Castle einen Wohnturm aus dem 13. Jh. und ein jakobinisches Herrenhaus mit Anbauten aus der Viktorianischen Ära. Der Außenbereich lädt zu Spaziergängen durch saftig grüne Wiesen und einen historischen Rosengarten ein.

*50-51* • Die von der Stadt Stonehaven aus über einen Weg erreichbare mittelalterliche Ruine des Dunnottar Castle liegt auf einem steil in die Nordsee abfallenden Felsvorsprung und ist eine der zauberhaftesten Stätten Schottlands.

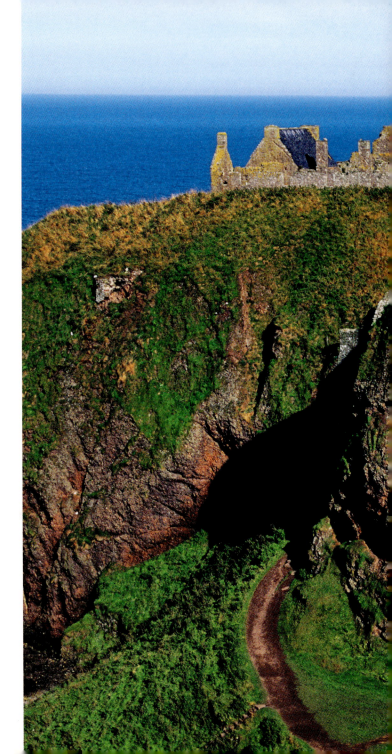

# Die Rätsel der englischen Vorgeschichte

52 • Bis heute haben die Forscher die sich um die Geschichte von Stonehenge, der faszinierendsten und geheimnisvollsten Megalithstätte der Welt, rankenden Rätsel noch nicht gelöst.

53 • Der Riese von Cerne Abbas ist ein 55 Meter großes Bild, das in den Boden eines Hügels in Dorset gegraben wurde. Manche datieren es in die Bronzezeit, andere in das frühe Mittelalter.

# Bretagne und Normandie: im Land der Gezeiten

*54* • Der Mont Saint-Michel mit dem Benediktinerkloster zählt zu den meistbesuchten Sehenswürdigkeiten Frankreichs.

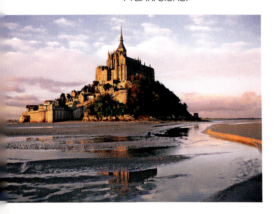

*54-55* • Die von mittelalterlichen Festungsmauern eingefasste Stadt Saint-Malo ist eines der beliebtesten Bade- und Kulturorte der Bretagne.

*56-57* • Die Klippen und der Strand von Étretat in der Haute-Normandie wurden von Künstlern wie Monet und Courbet gemalt.

58 • Im Département Côtes-d'Armor thront das im 13. Jh. aus rosafarbenem Sandstein erbaute Fort la Latte auf einem Felsvorsprung der Baie de la Fresnaye. Die Burg ist einer der Besuchermagnete der Bretagne.

58-59 • Die Wellen brechen sich am Leuchtturm Nividic vor der Île d'Ouessant im Ärmelkanal. Diesen gefährlichen, von starken Winden gepeitschten und in dichten Nebel gehüllten Meeresabschnitt befahren jedes Jahr circa 50.000 Wasserfahrzeuge.

# Die herrlichen Schlösser der Loire

60 • Herrliche Renaissance-Elemente schmücken das 1462 auf den Fundamenten einer mittelalterlichen Burg erbaute Schloss Ussé im Département Indre-et-Loire.

61 • Der Ziergarten des Schlosses Villandry ist ein Meisterwerk der Formbaumkunst: Buchsbäume formen musikalische Symbole, Herzen, Spiralen, Schmetterlinge und Fächer und verwachsen zu Allegorien der Liebe. Das Schloss wurde 1532 von Jean le Breton, Staatssekretär von Franz I., erbaut.

- Chenonceau ist nach Versailles das meistbesuchte Schloss Frankreichs. Das liegt an dem großartigen, über dem Fluss Cher schwebenden Bau selbst und an dessen Geschichte, die mit Caterina de' Medici und Diana di Poitiers, Ehefrau bzw. Geliebte von König Heinrich II., verknüpft ist.

*64* • In der Architektur des zentralen Gebäudes des Schlosses Chambord ist deutlich der Stil von Leonardo da Vinci erkennbar: die Doppelwendeltreppe ist gewiss das Werk des Florentiner Genies. Die mit königlichen Symbolen verzierte Kassettendecke war dagegen der Wunsch seines Auftraggebers Franz I.

*64-65* • Das Schloss Chambord wurde ab 1519 nach einem Entwurf erbaut, der Leonardo da Vinci zugeschrieben wird. Es ist das eindrucksvollste der Loire-Schlösser.

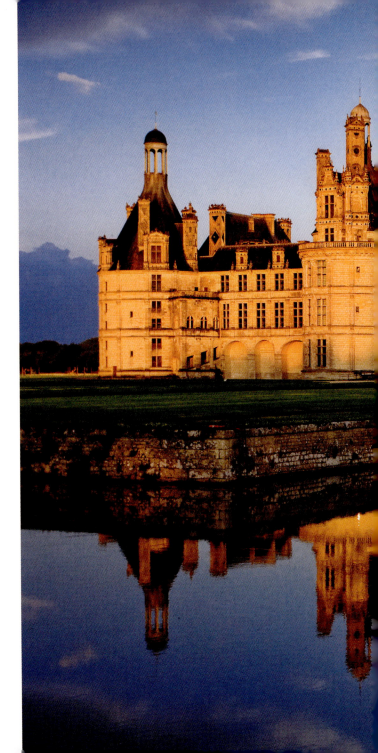

# Bayerns Märchenschlösser

66 • Für die Wanddekorationen des Schlosses Neuschwanstein inspirierte sich König Ludwig II. von Bayern an den Opern von Richard Wagner und an mittelalterlichen Sagen.

67 • In die warmen Farben des Herbstes der Pöllatschlucht eingebettet liegt das zauberhafte Schloss Neuschwanstein, der berühmteste und märchenhafteste Palast des Königs Ludwig II. von Bayern.

68 • Das Audienzzimmer von Linderhof, dem Lieblingsschloss unter den Residenzen von König Ludwig II. von Bayern, glänzt mit Goldverzierungen und Stuckaturen. Der Märchenkönig wollte hier nach dem Vorbild von Petit Trianon in Versailles einen Zufluchtsort für sich erschaffen.

68-69 • Das Schloss Linderhof wird eingefasst von einer herrlichen Gartenanlage mit Brunnen und Fontänen, Statuen und zwei orientalischen Pavillons, die auf den Pariser Weltausstellungen von 1867 und 1878 erworben wurden.

## Die Alpenriesen

*70-71* • Der Gipfel des Mont Blanc (4810 Meter) wird von einer Eishaube bedeckt, die den wirklichen Felsgipfel (4792 Meter) überragt.

*71* • Die Silhouette des Dent du Géant (4014 Meter) im Nordteil des Mont-Blanc-Massivs ist unverwechselbar.

*72-73* • Der felsige Gebirgskamm der Aiguilles de Chamonix erstreckt sich zwischen dem Bossons-Gletscher und dem Mer de Glace.

*73* • Von der Bergstation der Seilbahn Chamonix-Aiguille du Midi hat man einen atemberaubenden Blick auf den Mont Blanc.

*74-75* • Eine Bronzegruppe im Zentrum von Chamonix erinnert an Horace-Bénédict de Saussure und Jacques Balmat, Pioniere der Bergsteigergeschichte des Mont Blanc.

*75* • Mondän, ohne übertrieben zu sein, und sportlich wie keine andere hält Chamonix unangefochten den Titel der Alpenhauptstadt. Sie wird von den spektakulärsten Gipfeln des Mont-Blanc-Massivs geschützt und ist berühmt dafür, die Wiege des Abenteuers Bergsteigen zu sein.

- Die Gornergratbahn wurde 1898 eingeweiht, um den Zugang zum Gornergletscher und die Sicht auf das herrliche Panorama mit Monte Rosa und Matterhorn (links zu sehen) zu ermöglichen. Die Zahnradbahn startet im namhaften Schweizer Wintersportort Zermatt.

78-79 • Das Matterhorn ist einer der außergewöhnlichsten Berge der Alpen. Seine majestätische Größe (4478 Meter), seine charakteristische Pyramidenform und seine im Vergleich zu den umliegenden Bergen isolierte Lage im Grenzgebiet zwischen Italien und der Schweiz machen aus ihm ein Schauspiel mit unwiderstehlichem Zauber.

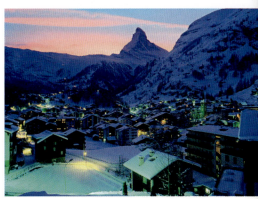

79 • Im Schweizer Kanton Wallis erstreckt sich Zermatt, die Heimat des alpinen Skilaufs, im Mattertal am Fuße des beherrschenden Matterhorns.

# Unterwegs in den Dolomiten

*80-81* • Der 2665 Meter hohe Sassongher – Teil des Naturparks Puez-Geisler – dominiert mit seinem markanten Gipfel die Landschaft des Gadertals.

*81* • Kastelbell im Vintschgau ist eines der unzähligen Schlösser und Burgen in den Dolomiten.

*82-83* • Der granitene Pfeiler des Crozzon (3118 Meter) zählt zu den beeindruckendsten Gipfeln der Brentner Dolomiten.

# Die Klippen der Algarve

*84-85* • Carvoeiro, ein winziger Fischerort für Thunfischfang, ist eines der malerischsten Ferienziele der Algarve.

*85* • Die Felsklippen vor der Ponta da Piedade zählen zu den Schätzen der berühmten Goldküste.

## Der Zauber der spanischen Inseln

*86-87* • Im Süden der Insel Lanzarote begrenzt die vulkanische Landspitze Punta de Papagayo einen windgeschützten Küstenstreifen mit vielen wunderschönen Buchten.

*87* • Die vom Wind Calima gepeitschte Insel Lanzarote ist ein perfektes Ziel für Surfer.

88 • Die Festung von Dalt Vila, UNESCO-Weltkulturerbe, ist die Lebensader der Altstadt von Ibiza.

88-89 • Das türkisblaue Meer und die Felsenbucht Cala Macarella sind das beliebteste Bild der Insel Menorca.

• Auf der Westseite der Halbinsel Trucadors erstreckt sich der wunderschöne Platja de ses Illetes, d.h. der „Strand der kleinen Inseln". Er besitzt eine reiche Meeresfauna und gehört zum Salinen-Naturpark von Formentera.

# Die Provence, Königreich der Farben

*92-93* • Blühende Lavendelfelder mit herrlichen Farben und betörenden Düften erstrecken sich soweit das Auge reicht um provenzalische Dörfer wie Grignan.

*93* • Die Zisterzienserabtei Sénanque in der Nähe von Gordes wurde 1148 gegründet.

94 • Das Ortszentrum von Aix-en-Provence wird vom Glockenturm der Kathedrale Saint-Sauveur beherrscht.

95 • Den bezaubernden Ort Saint-Paul-de-Vence im Hinterland von Nizza liebten schon Künstler wie Marc Chagall und Pablo Picasso.

# Côte d'Azur „très chic"

96 • Nizza, die mondäne Metropole der Côte d'Azur, wird auch für sein außergewöhnliches kulturelles und gastronomisches Angebot geschätzt.

96-97 • Antibes ist eines der exklusivsten Urlaubsziele der Côte d'Azur.

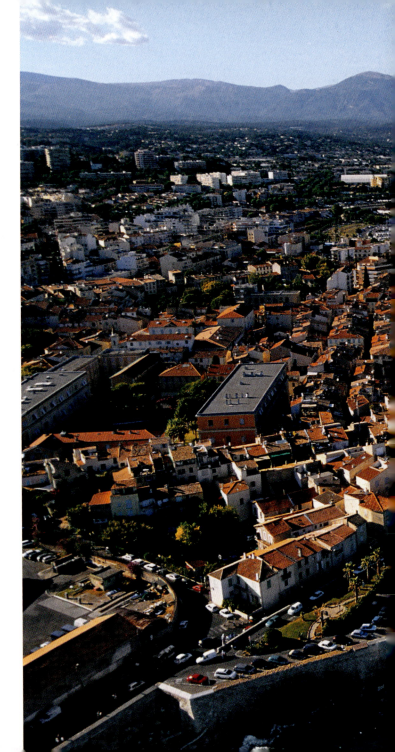

98 • Saint Tropez wartet das ganze Jahr über mit großen Events auf, angefangen beim International Polo Cup bis hin zum Giraglia Cup für Segelfans.

98-99 • Cannes ist in der ganzen Welt für seine Filmfestspiele berühmt.

*100* • Der Bau der Spielbank Montecarlo aus dem 19. Jahrundert ist ein Werk von Charles Garnier, aus dessen Feder auch die Pariser Oper stammt.

*100-101* • Monaco-Ville, auch Le Rocher genannt, ist die Altstadt des Fürstentums Monaco.

*102-103* • Die Calanques sind ein zerklüftetes Kalksteinmassiv entlang der Küste der Provence. Sie schenken atemberaubende Aussichten.

*103* • Port-Miou heißt der Küsteneinschnitt, der die Grenze des Gebietes der Calanques in der Nähe von Cassis bildet.

# Korsika, die Schöne im Mittelmeer

*104-105* • Bonifacio besitzt eine tausendjährige Festung und Dutzende Monumente, die von seiner faszinierenden Geschichte erzählen.

*105* • Palombaggia – unweit von Porto-Vecchio – zählt zu den bekanntesten Stränden der Insel.

106 • Zahlreiche Leuchttürme – einer faszinierender als der andere – säumen die Klippen an der Straße von Bonifacio.

106-107 • Die Felseninsel Lavezzi an der Straße von Bonifacio zieht viele Touristen an, sowohl wegen ihrer Naturschönheiten, als auch wegen der Nähe zu den Häfen Sardiniens und Korsikas.

## Die Kunst der toskanischen Landschaft

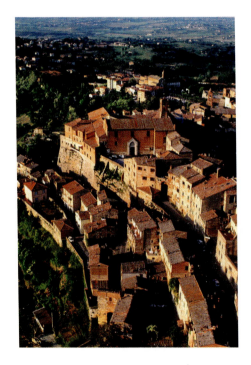

108 • In Hügellage beherrscht der mittelalterliche Ort Montepulciano im Chianatal eine von Menschenhand veredelte Landschaft.

109 • Das Land und die Hügel der Toskana sind mit ihren unvergleichlich schönen Landschaften das ideale Ziel für einen Tourismus, der Kultur und Traditionen mit Wellness verknüpft.

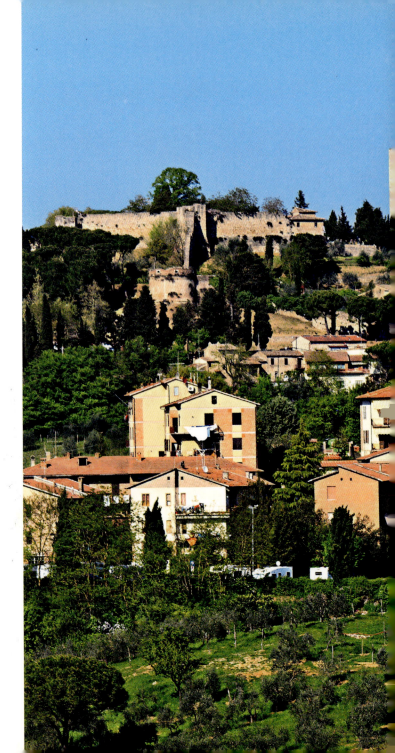

*110* • Pienza ist der bedeutendste Kunstort des Orciatals. Seine Monumente verdankt es Papst Pius II., der aus ihr seine „ideale Renaissancestadt" machen wollte.

*110-111* • Mit seinen 13 mittelalterlichen Wohntürmen ragt San Gimignano auf dem Hügel empor.

112 • Aus der Vogelperspektive kann man die elliptische Form und die Erhebungen der Wachtürme auf der Stadtmauer des kleinen Ortes Monteriggioni in der Gegend des Seneser Gebirges bewundern.

112-113 • Auf einem Hügel über dem Orciatal liegt der zauberhafte mittelalterliche Ort Montalcino in der Mitte eines Gebietes, in dessen Weinbergen die Sangiovese-Trauben für den berühmten Wein Brunello di Montalcino wachsen.

## Das Erbe Roms

*114* • Das auf Wunsch von Kaiser Hadrian im Jahr 118 n. Chr. errichtete Pantheon in Rom wurde im 7. Jh. in eine christliche Kirche umgewandelt.

*114-115* • Eine spektakuläre Panoramaaufnahme des alten Roms mit dem Palatin und dem Kolosseum, das eigentlich Flavisches Amphitheater heißt.

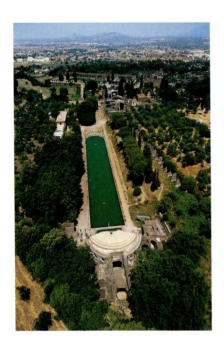

• Diese Luftaufnahmen bringen die perfekte gegenseitige Durchdringung zwischen Bauwerk und Landschaft in der Anlage der Villa Adriana voll zur Geltung. Die vor den Toren Roms gelegene Villa war die Residenz von Kaiser Hadrian (76-138 n. Chr.).

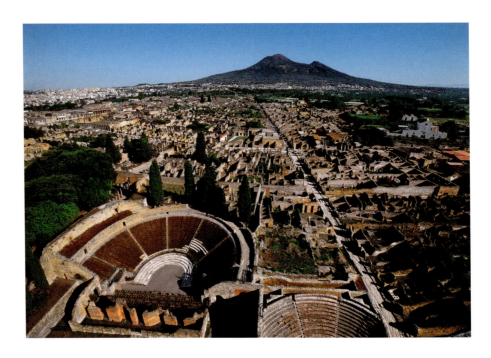

118 • Eine herrliche Ansicht der Ruinenstadt Pompeji, die von der Hauptstraße *Cardus Maximus* durchzogen und vom Vesuv, dem Verantwortlichen für ihre Zerstörung, beherrscht wird. Im Vordergrund ist der Zuschauerraum des Großen Theaters zu bewundern.

119 • Die Fresken der Mysterienvilla in Pompeji zählen zu den Meisterwerken der römischen Wandmalerei.

# Die italienischen Küsten und Inseln

## *Ligurien*

- „Ein kleines Dorf, das sich wie eine Mondsichel um dieses ruhige Becken ausbreitet": Dies schrieb 1889 der französische Schriftsteller Guy de Maupassant beim Anblick der zauberhaften Szenerie von Portofino, der „Perle Liguriens".

122 • Der Ort Santa Margherita Ligure an der Riviera di Levante besitzt eine lange Urlaubstradition.

122-123 • Camogli ist der malerischste unter den Küstenorten des ligurischen Ostriviera.

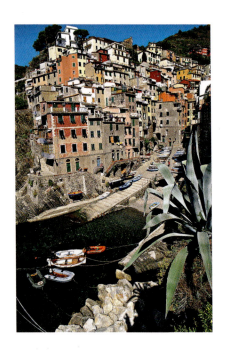

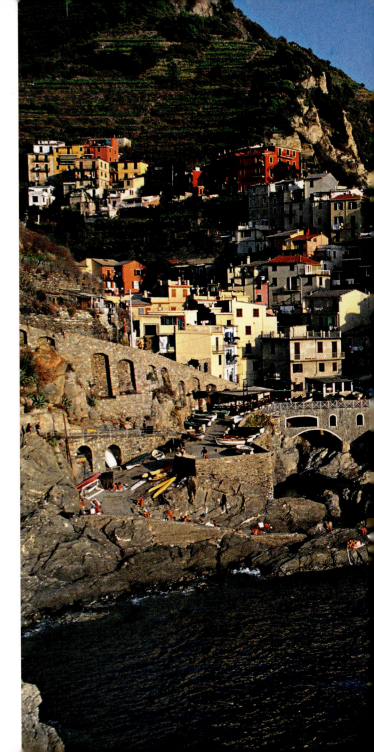

*124* • Riomaggiore, das östlichste der fünf Dörfer der zauberhaften Cinque Terre, ist ein wahres Juwel und Unesco-Weltkulturerbe.

*124-125* • Die Via dell'Amore, der „Liebesweg", verbindet Manarola mit Riomaggiore und bietet viele romantische Aussichten.

# Sardinien

*126-127* • Der berühmte rosa Strand im Südosten der Insel Budelli ist Naturschutzgebiet des Nationalparks La-Maddalena-Archipel.

*127* • Inmitten riesiger Granitfelsen stehend weist der Leuchtturm am Capo Testa den Schiffen ihren Weg durch die windige Meerenge vor der Gallura-Küste im Norden Sardiniens.

128 • Der Stil der Costa Smeralda ist in der Natur ebenso unverkennbar wie in den für Luxusurlaube errichteten Gebäuden, deren Farben an die Felsen der Insel erinnern.

129 • Das Meer und die Küste um die Insel Tavolara, zu sehen im Hintergrund von Punta Sabbatino. Seit 1997 werden sie im Meeresschutzgebiet Tavolara - Punta Coda Cavallo behütet.

130 • Im Golf von Orosei wartet die Bucht Cala Goloritzé mit einem der schönsten Strände Sardinines auf. Er wird von einer über hundert Meter hohen Zinne beherrscht, die ein begehrtes Ziel für Freikletterer ist.

130-131 • Die roten Porphyrfelsen sind das Wahrzeichen des Ortes Arbatax im Gebiet Ogliastra. Man kann sie bei der Bucht Cala Moresca und am Vorgebirge Capo Bellavista bewundern.

*132* • Zwei einsame Säulen erheben sich über den Ruinen der Stadt Tharros. Die Phönizier gründeten sie im 8. Jh. v. Chr. an der Spitze der Sinis-Halbinsel, die den großen Halbmond des Golfs von Oristano einschließt.

*132-133* • Villasimius, unweit von Cagliari, ist bekannt für seine wunderschönen Landschaften, darunter das türkisblaue Meer und die mit duftender Macchie ausgekleideten Felsen.

## Die Pontinischen Inseln

*134-135* • Die Insel Ponza ist ein Schmuckkästchen aus romantischen Buchten, steil ins Meer fallenden Klippen und ausgewaschenen vulkanischen Grotten.

*135* • Die urwüchsige, zum Naturschutzgebiet erklärte Insel Palmarola ist die drittgrößte der Pontinischen Inseln im Tyrrhenischen Meer.

## Kampanischer Archipel

136 • Die stets gedrängt volle Piazza Umberto I ist der Treffpunkt von Capri.

136-137 • Das perfekte Panorama auf die Faraglioni von Capri bietet der Aussichtspunkt der Via Krupp, eines der vielen Wunder der kampanischen Insel.

*138* • Autofrei und mit Blick auf einen romantischen Strand, ist das Fischerdorf Sant'Angelo d'Ischia ein wunderbares Ziel für alle, die die Ruhe lieben. In der Nähe befinden sich der Aphrodite-Thermalgarten und der Maronti-Strand mit Fumarolen.

*139* • Eine Teilansicht des Castello Aragonese von Ischia, das auf einer kleinen vulkanischen Insel liegt. Diese ist über eine kleine Brücke mit dem zauberhaften Ortsteil Ischia Ponte auf der Westseite verbunden, die auf den Golf von Neapel blickt.

# Amalfiküste

*140* • Die Amalfiküste ist mit ihren zauberhaften Orten, ihrem herrlichen Meer und der von terrassierten Zitronenhainen und Weinbergen geprägten Landschaft einer der meistgeliebten Küstenstriche der Welt.

*140-141* • Eingekeilt zwischen hohen Felswänden liegt Atrani am Ausgang des Drachentals. Von allen Orten der Amalfiküste hat es seine Topographie am besten bewahrt.

# Sizilien

*142* • Noch heute werden im Antiken Theater von Taormina griechische Tragödien aufgeführt.

*142-143* • Cefalù liegt am Fuße eines felsigen Vorgebirges. Unter seinen Denkmälern ragt der Dom aus der Normannenzeit heraus.

## Äolische Inseln

*144-145* • Lipari wird von Vulcano (im Hintergrund) durch eine nicht mal einen Kilometer breite Meerenge getrennt.

*145* • Marina Corta, der kleine Hafen des Ortes Lipari, wird von der Burganlage aus dem 16. Jh. beherrscht.

## Ägadische und Pelagische Inseln

146 • Auf Favignana, der größten unter den Ägadischen Inseln, reihen sich wilde Klippen und zauberhafte Buchten vor einem karibisch anmutenden Meer aneinander.

147 • In einer wunderschönen Bucht von Lampedusa ist das Naturparadies der Isola dei Conigli die Heimat einer Mittelmeermöwenkolonie und einer besonderen Eidechsenart.

# Das Bollwerk der Malteserritter

*148-149* • Das natürliche Felsentor Tieqa Zerqa, deutsch „das blaue Fenster", bildet den perfekten Rahmen für das zauberhafte Meer der Insel Gozo.

*149* • Das Bild von Maltas Hauptstadt Valletta wird geprägt von Bastionen, der riesigen Kuppel der Karmeliterkirche und einem regelrechten Wald aus Kirchtürmen.

# Die Perlen Kroatiens

*150-151* • Die Inseln des Kornaten-Archipels im zentralen Dalmatien sind ein perfektes Ziel für unvergessliche Segeltörns.

*151* • Mächtige Stadtmauern umgeben Dubrovnik, die sogenannte Perle der Adria, mit seiner herrlichen Altstadt.

# Göttliche Ägäis

*152* • Der Ort Thira auf Santorin ist eine Aneinanderreihung von Baustilen, die einer Zeichnung von Escher mit den Primärfarben à la Mondrian würdig sind.

*152-153* • Der Ort Thira und die Caldera von Santorin bilden eines der atemberaubendsten Schauspiele der Ägäis.

*154-155* • Der von Windmühlen, einem der Wahrzeichen von Mykonos, beherrschte schneeweiße Hauptort Chora ist unbestritten die mondäne Hauptstadt des Kykladen-Archipels.

*155* • In Panoramalage, am Ende des Hafens von Mykonos-Stadt im Burgviertel Kastro, umfasst der Komplex der Kirche Panagia Paraportiani fünf Kapellen. Sie ist die älteste und malerischste Kirche von Mykonos.

156 • Die Ruinen des Palastes von Knossos sind das berühmteste archäologische Zeugnis der minoischen Kultur.

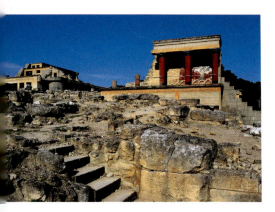

156-157 • Die Lagune von Balos ist eines der noch urwüchsigen Paradiese von Kreta.

• Agios Nikolaos ist einer der berühmtesten Urlaubsorte auf Kreta. Die Strände des Golfs von Mirabello, der gleichnamige Hafen und das Nachtleben zählen zu seinen größten Attraktionen.

# AFRIKA, der ATEM der NATUR

• Die libysche Sahara mit ihren Sanddünen.

## **EINLEITUNG** Afrika, der Atem der Natur

Der als der Marco Polo des Orients geltende Ibn Battuta erforschte Nordafrika kreuz und quer bis zur Südgrenze der Sahara. Er kam bis zu der Stelle, an der die Wüstendünen der Savanne den Platz räumen. Mit seinen Erzählungen schenkte er im fernen 14. Jh. erste außergewöhnliche Einblicke in den Kontinent, der heute noch der rätselhafteste und fremdartigste von allen ist. Reisen in Afrika – notierte Battuta – lässt einen erst sprachlos werden. Und dann macht es einen zum Geschichtenerzähler. Zurück von seinen Streifzügen litt er als Erster unter der undefinierbaren Krankheit namens „Afrikasehnsucht", die dem schmerzlichen Verlangen Liebender ähnelt, die voneinander getrennt sind.

Denn in Afrika – überzeugen Sie sich selbst – wachsen die Gefühle ins Unendliche. Sogar die Luft, wie es Karen Blixen, eine weitere Afrika-Verliebte aus neuerer Zeit bekräftigte, hat

## **EINLEITUNG** Afrika, der Atem der Natur

HIER EINE ANDERE BESCHAFFENHEIT: VOLLER ERSCHEINUNGEN UND VISIONEN IST SIE EINE WAHRE BÜHNE FÜR JEDES EREIGNIS.

ANDERERSEITS WIRD AFRIKA – GENAU DESWEGEN, WEIL ES IN SEINEM GANZEN EHER DIE WELT DER EMOTIONEN ALS VERNUNFT UND GEOGRAPHIE ZU BETREFFEN SCHEINT – HÄUFIG FÄLSCHLICHERWEISE ALS EIN LAND UND NICHT ALS KONTINENT ANGESEHEN. DABEI WIRD VERGESSEN, DASS ES 54 UNABHÄNGIGE STAATEN UMFASST (IHR JÜNGSTER, DER SÜDSUDAN, WURDE IM JULI 2011 GEBOREN) UND VON CIRCA 3000 ETHNIEN BEWOHNT WIRD, DIE MEHR ALS 2000 VERSCHIEDENE SPRACHEN SPRECHEN UND EIN KUNTERBUNTES, FASZINIERENDES MOSAIK AUS KULTUREN, ERFAHRUNGEN UND RELIGIONEN ERSCHAFFEN. SOVIEL ENTDECKENSWERTES, ANGEFANGEN BEIM ISLAMISCH GEPRÄGTEN TEIL AFRIKAS, DER AM MITTELMEER LIEGT, BIS ZUM FARBENFROHEN „LAND DES REGENBOGENS", WIE SÜDAFRIKA MIT SEINEN UNZÄHLIGEN STÄMMEN ZU RECHT GENANNT WIRD, IM ÄUSSERSTEN SÜDEN.

DARÜBER HINAUS KÖNNTEN SEINE WUNDER UNTERSCHIEDLI-

## EINLEITUNG Afrika, der Atem der Natur

CHER NICHT SEIN: SIE REICHEN VOM ZAUBER DER GROSSEN LEERE DER SAHARA BIS ZUM UNDURCHDRINGLICHEN DSCHUNGEL IM KONGO, WO DER SELTEN GEWORDENE BERGGORILLA IM BERÜHMTEN, IMMER NOCH UNBERÜHRTEN „HERZ DER FINSTERNIS" IM ANDENKEN AN CONRAD LEBT. UND DIE STETS SCHNEEBEDECKTEN GIPFEL DES KILIMANDSCHARO SIND HIER EBENSO ZU HAUSE WIE DIE KORALLENGÄRTEN IN DEN TIEFEN DES ROTEN MEERS UND DIE GEWÜRZGÄRTEN AUF SANSIBAR. AN DEN UFERN DES GROSSEN NILS ERZÄHLEN STAUNENSWERTE ZEUGNISSE VON DER ÄGYPTISCHEN KULTUR UND AM SCHLAMMIGEN FLUSS OMO IN ÄTHIOPIEN ERINNERN UNS URVÖLKER DARAN, DASS DER WEG DER MENSCHHEIT IN GRAUER VORZEIT GENAU HIER SEINEN ANFANG NAHM.
IM ÜBRIGEN IST AFRIKA IN DER KOLLEKTIVEN VORSTELLUNGSWELT DER URKONTINENT, IN DEM ES NOCH HEUTE VIELE UND VOR ALLEM WEITE GEBIETE GIBT, IN DENEN DER MENSCH NUR EIN FLÜCHTIGER GAST SEIN KANN. HIER MACHT SICH DIE NATUR IN ALL IHRER KRAFT BEMERKBAR: OB MIT DEM UNAUFHÖRLICHEN GEBRÜLL DER DONNERNDEN VICTORIAFÄL-

## **EINLEITUNG** Afrika, der Atem der Natur

LE ZWISCHEN SAMBIA UND SIMBABWE, DEM TROMPETEN DER ELEFANTEN ODER DEM SCHREIEN DER NILPFERDE IM WUNDERSCHÖNEN OKAVANGO-DELTA IN BOTSWANA. DENN AFRIKA IST MEHR ALS JEDER ANDERE KONTINENT DAS REICH DER TIERE, ANGEFANGEN BEI DEN BERÜHMTEN *BIG FIVE*, DEN FÜNF GROSSEN SÄUGETIEREN, DIE SEIN WAHRZEICHEN SIND, BIS HIN ZU DUTZENDEN ANDERER TIERARTEN, DARUNTER ANTILOPEN, ZEBRAS UND GNUS, DIE IM TÄGLICHEN ERBARMUNGSLOSEN ÜBERLEBENSKAMPF DIE GRÖSSTEN TIERWANDERUNGEN DES PLANETEN DURCH DIE ENDLOSE EBENE DER SERENGETI IN TANSANIA UNTERNEHMEN.

ALLES IN ALLEM SCHENKT UNS EINE AFRIKAREISE NICHT NUR DIE GELEGENHEIT, GROSSARTIGEN NATURSCHAUSPIELEN BEIZUWOHNEN, SONDERN SIE BRINGT UNS AUCH DAZU, DIE ÜBERLEGENHEIT ZU ÜBERDENKEN, DIE WIR MENSCHEN IM VERGLEICH ZU ALLEN ANDEREN ARTEN ZU BESITZEN MEINEN. DENN, WIE ES SCHON DIE BEREITS GENANNTE KAREN BLIXEN SCHRIEB: „DASS MAN WIRKLICH LEBENDIG IST, ENTDECKT MAN ERST, WENN MAN EINEN GANZEN TAG MIT LÖWEN VERBRINGT".

# Marokkos Kaiserstädte

*166-167* • Der Hassan-Turm in Rabat erhebt sich über der gleichnamigen Moschee, die 1755 von einem Erdbeben zerstört wurde.

*167* • Die Kasbah des Oudaïas, historisches Herz von Rabat, birgt meisterhafte almohadische Bauwerke.

168 • Mit circa einer Million Einwohnern ist Fès die drittgrößte Stadt Marokkos. Ihre historische, künstlerische und kulturelle Bedeutung brachte ihr den Eintrag in das Unesco-Weltkulturerbe ein. Der historische Stadtkern ist eine der faszinierendsten und größten Fußgängerzonen der Welt.

169 • Eine malerische Ansicht des Hügels, auf dem die Altstadt von Meknès liegt. Im 12. Jh. von der Dynastie der Almoraviden als Bollwerk erbaut, erlebte sie ihr goldenes Zeitalter zwischen 1672 und 1727, als Sultan Mulai Ismail sie zur Hauptstadt Marokkos erhob.

• Bei Hereinbrechen des Abends beginnt auf dem Djemaa el Fna, dem großen Marktplatz in Marrakesch, das „bewegliche Schauspiel" mit Jongleuren, Märchenerzählern, Verkäufern von marokkanischen Leckerbissen und vielem anderen mehr: ein überwältigendes Erlebnis.

# Die prokonsularische Provinz Africa des alten Roms

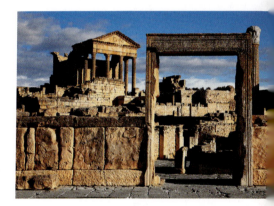

*172-173* • Das Amphitheater der einstigen römischen Kolonie Thysdrus (heute El Djem in Tunesien) hatte ein Fassungsvermögen von 35.000 Zuschauern.

*173* • Dougga, ehemals Thugga, in Tunesien wurde um 200 v. Chr. vom numidischen König Massinissa erobert.

*174-175* • Die Stadt Kyrene wurde 631 v. Chr. von den Dorern im heutigen Libyen gegründet. Ihre wichtigsten Gebäude reichen in ihr goldenes Zeitalter im 3. Jh. v. Chr. zurück. Selbst die Römer, an die sie 96 v. Chr. ging, respektierten ihre typisch griechische Struktur.

*175* • In römischer Zeit wurde das griechische Theater von Kyrene in ein Amphitheater für Gladiatorenkämpfe umgewandelt.

*176* • Einst wichtigstes Zentrum Tripolitaniens und der gesamten römischen Provinz Africa, ist Leptis Magna in Libyen ein außergewöhnlicher Abriss der römischen Baukunst der Kaiserzeit.

*176-177* • Das 190 n. Chr. von Kaiser Commodus errichtete römische Theater von Sabratha ist mit einer 45 Meter langen Bühne, einer aus drei halbrunden Nischen bestehenden *frons scenae* und drei Reihen mit 108 korinthischen Säulen das größte Afrikas.

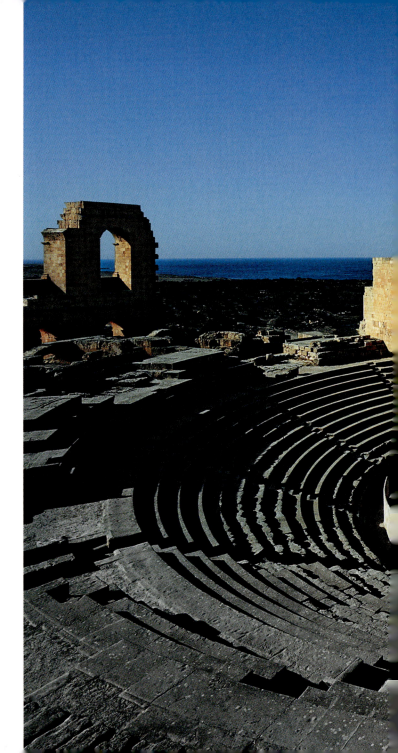

# In Ägypten, im Reich der Pharaonen

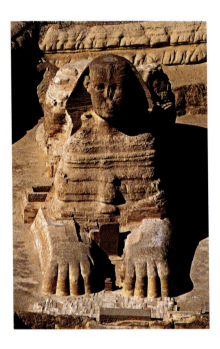

*178* • Die Sphinx von Gizeh gehört zum Komplex der Chephren-Pyramide.

*178-179* • Gizeh beherbergt eine der bedeutendsten Nekropolen des alten Ägyptens mit den großartigen Pyramiden der Pharaonen Cheops, Chephren und Mykerinos.

*180-181* • Eine Panoramaansicht des alten Ortes Siwa in der westlichsten ägyptischen Wüstenoase mit seinen Lehmhäusern und dem großen See, der den Bewohnern eine reichliche Bewässerung ermöglicht.

*181* • Ein kleiner See bildet die Wasserreserve von Bahariya, einer der Oasen in der ägyptischen Westwüste.

Circa 45 Kilometer nördlich der Oase Farafra liegt die sogenannte Weiße Wüste, deren Bild von einmaligen Kalksteinformationen und Kieselgur geprägt wird.

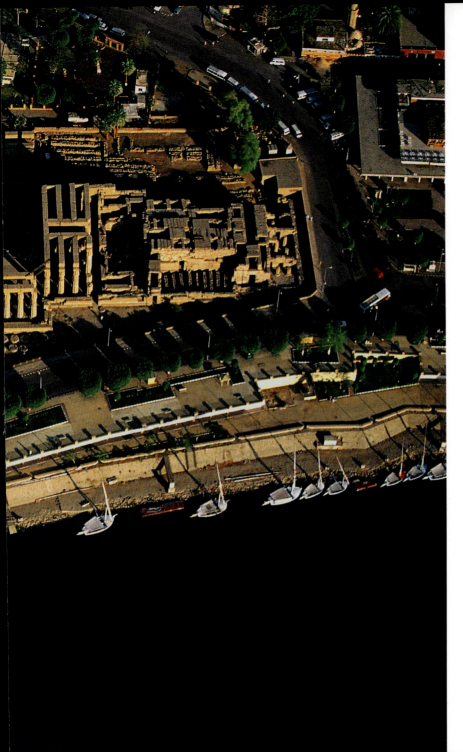

● Der Luxor-Tempel ist eine der archäologischen Hauptattraktionen des alten Thebens. Das dem Gott Amun geweihte Heiligtum wurde von Pharao Amenophis III. erbaut und von Ramses II. erweitert.

186 • Der Tempel von Philae war eine bedeutende Kultstätte für die Göttin Isis.

186-187 • Der große Felsentempel von Ramses II. in Abu Simbel ist eines der Wunder des nubischen Gebietes.

## Sahara: auf den Dünen der Tuareg

● Die kleinen Salzseen im *Erg* Ubari Nord werden von Oasen eingerahmt und von den riesigen Sanddünen der libyschen Landschaft Fessan beherrscht.

190 • Im bergigen Gebiet Tadrart Acacus in der libyschen Region Fessan befinden sich auch viele ausgedehnte Dünenketten.

191 • Jahrhundertelang war das Dromedar das traditionelle Transportmittel der nomadischen Tuareg auf den Routen des Transsaharahandels.

*192* und *192-193* • In der libyschen Wüste im Gebiet Fessan bilden Sandflächen und winderodierte Felsformationen ein faszinierendes Wechselspiel.

*194-195* • In Meroe im heutigen Sudan wurden die Herrscher des Königreichs von Kusch begraben, die ungefähr von 280 v. Chr. bis 300 n. Chr. regierten.

# Sudan, das entdeckenswerte Rote Meer

● Eine herrliche Luftansicht des langen Zugangsstegs zum Leuchtturm des Sanganeb Reef, im Boot von Port Sudan aus erreichbar. Hier bietet das Korallenriff einige der spektakulärsten Tauch-Spots unseres Planeten.

● Seine einmalig schönen Meeresgründe machen aus dem Sudan eines der abwechslungsreichsten Tauchziele der Nordhalbkugel. Jacques Cousteau beschrieb seine fischreichen Korallenwälder als „die höchste Konzentration von Leben der ganzen Welt".

- Von Italien zum Truppenschiff umgebaut, wurde die *Umbria* 1940 von den Briten versenkt. Das Wrack liegt in 36 Metern Tiefe am Wingate Reef in den Gewässern von Port Sudan und ist ein sehr beliebtes Ziel für Taucher.

# Stimmungsvolle Reise nach Lalibela

*202* • Die in den vulkanischen Fels gegrabene St.-Georgs-Kirche ist die eindrucksvollste unter den 11 monolithischen Kirchen von Lalibela.

*202-203* • Die in das Unesco-Weltkulturerbe aufgenommenen Kirchen von Lalibela sind das wichtigste Pilgerziel für die Kopten Äthiopiens.

## Kenia und Tansania, das Paradies der Tiere

● Eine Elefantenherde im Vormarsch auf der Hochebene, die den Kilimandscharo einfasst. Der „weiße Berg" (oder besser der schlafende Vulkan) ist mit seinen 5895 Metern der höchste Gipfel Afrikas.

*206-207* • Zebras, Gnus, aber auch ein Meer aus rosa Flamingos: Schnappschüsse wie dieser gelingen jedem Touristen auf einer spannenden Safari im Ngorongoro-Krater in Tansania.

*207* • Von oben kommt die perfekte Kreisform des Ngorongoro-Kraters voll zur Geltung. Er ist die größte Caldera des Planeten, die sich nicht in einen Kratersee verwandelt hat.

# In den Bergen der Gorillas

208 • Zärtliche „Familienszenen" zwischen Berggorillas. Die nur noch 800 Exemplare der vom Aussterben bedrohten Art leben in den Wäldern der Virunga-Berge zwischen der Demokratischen Republik Kongo und Ruanda sowie im Bwindi-Regenwald in Uganda.

209 • Nebel umhüllt den Gipfel des Visoke, der zur Virunga-Bergkette aus erloschenen Vulkanen gehört. Diese wird von einem undurchdringbaren Wald überzogen, die das Habitat der Berggorillas sind.

# Die „großen Gewässer" zwischen Simbabwe und Botswana

210 • Die faszinierendste und ethischste Art, um das Okavango-Delta zu erleben, ist eine Entdeckungs-Safari an Bord eines *Mokoro*, dem traditionellen Einbaumkanu.

211 • Die Victoria Falls sind die breitesten Wasserfälle der Welt: Auf circa 1700 Metern stürzen sie circa 100 Meter in die Tiefe.

# Namibia, die Wüste der Südhalbkugel

*212-213* • Die Erklimmung der Düne 45, die den Sesriem-Canyon und die Senke des Sossusvlei verbindet, ist ein absolutes Muss für Namibia-Besucher.

*213* • Deadvlei ist eine von der Sonne ausgedörrte Ton-Pfanne inmitten der Dünen des Sossusvlei.

*214-215* • In der Trockenzeit, von Juni bis November, versammeln sich die Tiere des Etosha-Nationalparks an den Wasserlöchern und schenken den Besuchern die Gelegenheit zu außergewöhnlichen Aufnahmen.

*215* • Ein Zebra rollt sich im Sand der Salzpfanne des Etosha-Nationalparks. Das 22.900 Quadratkilometer große Schutzgebiet im Norden Namibias beherbergt riesige Herden pflanzenfressender Tierarten, insbesondere Zebras und Impalas.

# Südafrika, das Land des Regenbogens

*216-217 und 217* • Der Blyde River Canyon ist der drittgrößte Canyon auf der Erde und die Bourke's Luck Potholes sind eine seiner geologischen Besonderheiten.

*218-219* • Ein feuerroter Sonnenuntergang in der Savanne des Krüger-Nationalparks.

*220* • Der weiße Hai ist in der sogeannten Shark Alley zu Hause, in den Gewässern vor Gansbaai. Das Städtchen ist die Welthauptstadt des Käfigtauchens.

*220-221* • Im Table Mountain National Park unweit von Kapstadt beheimatet der Boulders Beach eine große Brillenpinguin-Kolonie. Als einziger Ort dieses Planeten bietet er die Gelegenheit, mit diesen sympathischen Vögeln im Frack baden zu gehen.

# Die Juwelen des Indischen Ozeans

## *Madagaskar*

*222* • Gemeinsam mit den kleinen Inselgruppen, die sie einrahmen, ist die Insel Nosy Be das entspannendste Ziel Madagaskars. Den Besucher erwarten traumhafte weiße Strände und das stets warme, klare Wasser der Straße von Mosambik.

*223* • In der sanften Landschaft der Hochebene südlich von Antananarivo ragen abgerundete Felsformationen aus den perfekten Rechtecken der Reisfelder hervor.

*224* • Stundenlang könnte man den Larvensifakas zusehen, wie sie sich geradezu tanzend fortbewegen. Ihre besonders langen Hinterbeine zwingen diese Lemuren dazu, seitlich zu hüpfen. Dabei nutzen sie die Vorderbeine zum Ausbalancieren ihres Gewichtes.

*224-225* • Die Tsingy de Bemaraha entlang der Westküste Madagaskars sind außergewöhnliche, durch Karstverwitterung bedingte Kalksteinformationen. Von einem Nationalpark geschützt sind sie das Habitat von 11 Lemurenarten.

# Seychellen

*226-227* • Saint-Pierre ist eine kleine, mit Palmen übersäte Granitinsel in der berühmten Bucht der Côte d'Or in Praslin.

*227* • Die traumhaften Strände der Seychellen, wie dieser auf La Digue, beeindrucken mit faszinierenden Felsformationen in dunklen Farben.

## Mauritius

228 • Der Strand Trou aux Biches ist eines der historischen Urlaubsziele von Mauritius.

228-229 • Die Halbinsel Le Morne Brabant im äußersten Süd-Westen von Mauritius wird von einem Basaltfelsen beherrscht und von einer wunderschönen Lagune eingefasst.

230 • In eine sanfte Tropenvegetation eingebettet liegt das Amphitheater aus Basaltfelsen der Tamarin-Fälle. Diesen außergewöhnlich schönen Ort erreicht man mit einem leichten Spaziergang entlang eines Weges, der in der Nähe des Ortes Henrietta startet.

231 • Die *Terres de Couleurs* von Chamarel im Südwesten der Insel beeindrucken mit einer zauberhaften Farbpalette, die von Gelb über Violett und Grün bis Rosa reicht. Diese besonderen Dünen aus Erde und Fels sind vulkanischen Ursprungs.

# ASIEN, FASZINATION OHNE GRENZEN

- In Guilin, im Autonomen Gebiet Guanxi in Südchina, windet sich der Li-Fluss durch eindrucksvolle, von der Erosion geformte Kalksteinhügel mit üppiger Vegetation.

## EINLEITUNG Asien, Faszination ohne Grenzen

ALEXANDRA DAVID-NÉEL, DIE ERSTE FRAU AUS DEM WESTEN, DIE DAS VERBOTENE TIBET ERFORSCHTE (GANZ ALLEIN, ZU BEGINN DES 20. JH.), SAGTE GERNE: „WER AUF REISEN GEHT, OHNE DEM FREMDEN ZU BEGEGNEN, DER REIST NICHT, ER BEWEGT SICH LEDIGLICH FORT". SIE SELBST WAR IN DEM DAMALS NOCH VERBOTENEN REICH, DAS VON DEN HÖCHSTEN BERGEN DER ERDE GESCHÜTZT WIRD UND DIE HOCHBURG DES MYSTISCHEN BUDDHISMUS IST, „DEM FREMDEN" NICHT NUR BEGEGNET, SONDERN HATTE SICH AUCH ZU DEN „FREMDEN" SITTEN UND GEBRÄUCHEN UND ZU DER „FREMDEN" PHILOSOPHIE BEKANNT. MEHR ALS IN JEDEM ANDEREN ERDTEIL BLEIBEN REISEN NACH ASIEN UNVERGESSLICH: SOWOHL AUFGRUND DER BEGEGNUNGEN, DIE MAN HIER ENTLANG DES WEGES MACHT, ALS AUCH WEGEN DER ATEMBERAUBENDEN LANDSCHAFTEN, DIE – SEIEN ES DIE HIMALAYA-GIPFEL, DIE TRAUMHAFTEN MALEDIVEN ODER DIE INSELN VON THAILAND UND MALAYSIA – DEN HINTERGRUND FÜR EINZIGARTIGE ERFAHRUNGEN BILDEN, DIE NEUE DENKANSTÖSSE UND BEZUGSPUNKTE SCHENKEN UND ZUTIEFST VERÄNDERN

## EINLEITUNG Asien, Faszination ohne Grenzen

KÖNNEN. OBGLEICH DAS REISEN IN DIESEM KONTINENT (MIT WENIGEN AUSNAHMEN) EINE ENTSPANNENDE UND SICHERE ANGELEGENHEIT IST, BIRGT ASIEN EINE GROSSE GEFAHR: MAN KÖNNTE NICHT ZURÜCKKEHREN WOLLEN.

MOHAMMED SPRACH ZU RECHT: „ERZÄHL MIR NICHT, WIE GEBILDET DU BIST, SONDERN SAG MIR, WIE VIEL DU GEREIST BIST". UND DIES GILT NACH WIE VOR, AUCH IN UNSEREM GLOBALISIERTEN ZEITALTER. DENN ASIEN ERZÄHLT UNS MIT SEINEN EXOTISCHEN, STAUNENSWERTEN ORTEN VON VERGANGENEN KULTUREN, ANGEFANGEN BEI DEN ERFINDUNGSREICHEN KHMER, DIE DIE TEMPEL VON ANGKOR (DIE WAHRSCHEINLICH AUFREGENDSTE ARCHÄOLOGISCHE STÄTTE DER WELT, DIE GUT VERSTECKT IN KAMBODSCHAS DSCHUNGEL LIEGT) ERRICHTETEN, BIS HIN ZU DEN NABATÄISCHEN KAUFLEUTEN, DIE DIE STADT PETRA IM HEUTIGEN JORDANIEN IN DEN FELS MEISSELTEN. ZUGLEICH MACHT ES UNS DEUTLICH, DASS DIE ZUKUNFTSWERKSTATT DER ERDE HIER LIEGT: EINE AUFSTREBENDE MODERNITÄT DURCHDRINGT SOGAR UNGEAHNTE ORTE WIE DAS ROMAN-

## EINLEITUNG Asien, Faszination ohne Grenzen

TISCHE, FARBENFROHE RAJASTHAN DER MAHARADSCHAS IN INDIEN, DIE HALONG BUCHT IM NORDEN VIETNAMS, DIE CHINESISCHEN KALLIGRAPHIEN DER STADT GUILIN IM REICH DER MITTE UND DIE TEMPEL VON KYOTO IN JAPAN.

BISWEILEN JEDOCH VERMAG SICH ASIEN AM RANDE DER ZEIT UND DER LOGIK ZU BEWEGEN: MAN DENKE NUR AN DAS KÖNIGREICH BHUTAN, EIN ANDERES BUDDHISTISCHES LAND IM HIMALAYA, DESSEN STAATSZIEL DAS GLÜCK SEINER EINWOHNER IST. ODER AN DIE HISTORISCHE KÖNIGSSTADT BAGAN IM HEUTIGEN BIRMA, WO WIE EH UND JE HUNDERTE MÖNCHE DIE SICH IM FLUSS IRRAWADDY SPIEGELNDEN TEMPEL BEWOHNEN, AN DIE MONGOLEI, IN DER DIE BEVÖLKERUNG GRÖSSTENTEILS AUS NOMADEN BESTEHT, ODER AN PAPUA, WO DIE MÄNNER HEUTE NOCH FEDERN UND TIERHÄUTE TRAGEN. ASIEN WARTET FERNER MIT FABELHAFTEN NATURPARADIESEN AUF. SIE REICHEN VON DEN WEISSEN KALKSINTER-SZENERIEN IN PAMUKKALE IN DER TÜRKEI ÜBER DIE LANDSCHAFT IM RUSSISCHEN SIBIRIEN BIS ZUM BAIKALSEE, DEM TIEFSTEN SEE DER ERDE; UND VON DEN

# **EINLEITUNG** Asien, Faszination ohne Grenzen

STETS GROLLENDEN VULKANEN KAMTSCHATKAS ÜBER DIE REGENWÄLDER BORNEOS, LETZTER ZUFLUCHTSORT FÜR DEN ORANG-UTAN, BIS ZUM GOLDENEN DREIECK ZWISCHEN THAILAND, BIRMA UND LAOS MIT SEINEN ELEFANTEN. UND DAS ASIATISCHE MEER DURCHPFLÜGEND ERREICHT MAN UNVERGESSLICHE INSELN, UNTER IHNEN SOKOTRA IM ROTEN MEER UND DIE „INSEL DER GÖTTER", WIE BALI IN INDONESIEN ZU RECHT GENANNT WIRD. DAS MORGENLAND MIT DEM UNENDLICHEN ZAUBER AUS *TAUSENDUNDEINER NACHT*, DIE BACKWATERS IM INDISCHEN BUNDESSTAAT KERALA, DAS IN DEN BERGEN DER CHINESISCHEN PROVINZ YUNNAN VERBORGENE SHANGRI-LA UND VIELE ANDERE VERZAUBERTE ORTE: ASIEN IST EIN WAHRES LABYRINTH, PHILOSOPHISCH WIE GEOGRAPHISCH, IN DAS MAN SICH GANZ VERSENKEN MUSS, UM DIE FASZINATION DIESES ERDTEILS VOLL UND GANZ ZU ERFASSEN. IN DIESEM MÄRCHENHAFTEN ERDTEIL BRAUCHT MAN KEINEN KOMPASS, DENN - WIE EINE ZEN-WEISHEIT LAUTET - DER WEG IST DAS ZIEL. DENKEN SIE DARAN, WENN SIE ZU IHRER NÄCHSTEN REISE AUFBRECHEN.

# Emotionen in der Türkei

*238* • Kappadokien ist für seine durch Winderosion gebildeten Formationen aus Kalktuff bekannt, in die im Laufe der Jahrhunderte Behausungen und Kirchen gegraben wurden.

*238-239* • Ein eindrucksvolles, von Tuffformationen begrenztes Tal in der Nähe von Uçhisar in Kappadokien.

● Pamukkale zählt zu den spektakulärsten Naturstätten der Türkei. Hier hat das aus zahlreichen Thermalquellen sprudelnde mineralreiche Wasser eine Landschaft mit Terrassen, Felsnadeln und versteinerten Kaskaden aus Kalksinter und Travertin erschaffen.

# Pilgerreise ins Heilige Land

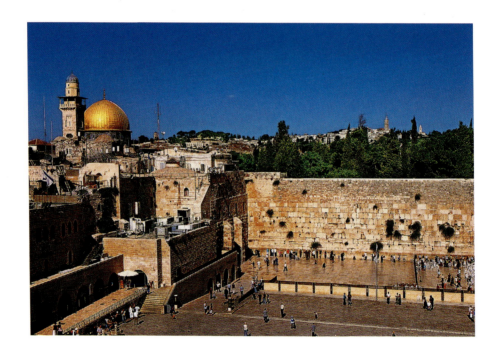

242 • Die Klagemauer in Jerusalem, ein Überrest des alten hebräischen Tempels, ist die wichtigste Kultstätte für den hebräischen Glauben.

243 • Die unter dem Namen Felsendom bekannte Moschee in Jerusalem wurde zwischen 685 und 691 errichtet und im 16. Jh. mit Verzierungen versehen. Ihre Kuppel ist mit Blattgold beschichtet. Der Felsen in ihrem Inneren ist der Überlieferung nach der Ort von Abrahams Opfer und der Himmelfahrt Mohammeds.

*244* • Der Salbungsstein in der Grabeskirche gilt als die Stelle, an der nach der Kreuzigung der Leichnam Christi für die Bestattung vorbereitet wurde.

*244-245* • Am Ende der Via Dolorosa, dem Schauplatz der Leiden Christi, erhebt sich die Grabeskirche. Der in der Kreuzfahrerzeit erbaute Komplex besitzt für gläubige Christen einen unermesslichen Wert.

*246-247* • Der Felsen von Masada – der die Wüste unweit der Oase Ein Gedi beherrscht – symbolisiert den jüdischen Freiheitswillen. 73 n. Chr., im Jüdischen Krieg, zogen es seine belagerten Bewohner vor zu sterben, als sich dem römischen Heer zu ergeben.

*247* • Das Tote Meer ist das salzhaltigste Wasserbecken der Erde und liegt in der tiefsten Landsenke (mehr als 410 Meter unter dem Meeresspiegel). Seinem Namen widersprechend ist es kein Meer, sondern ein mineralstoffreicher See.

## Das Wadi Rum und Petra

• Die Wüstenlandschaft des Wadi Rum, auch Mondtal genannt, in Südjordanien wird seit prähistorischen Zeiten bewohnt. Zahlreiche Zeugnisse der Felsenkunst schmücken die Felswände aus Sandstein im Tal.

*250-251* • Das am Ausgang der engen Schlucht Siq mit ausgefeilter Baukunst in den Felsen gemeißelte Khazne al-Firaun, „Schatzhaus des Pharao", empfängt die Besucher in Petra. Es gilt als eines der außergewöhnlichsten Denkmäler der Antike.

*251* • Isoliert auf der gleichnamigen Erhebung gelegen ist Ed-Deir, „Das Kloster", eines der großartigsten Monumente von Petra. Es soll zu Ehren eines nabatäischen Herrschers erbaut worden sein, der nach dem Tod vergöttlicht wurde.

## Die Legenden des Sinai

*252* • Das Katharinenkloster liegt an den Hängen des Berges Sinai. Es wurde zwischen 548 und 565 gegründet und gilt als das älteste nach wie vor aktive Kloster der Welt.

*252-253* • Wadi Feiran, die größte Oase im Sinai, wird im Buch Exodus des Alten Testamentes erwähnt.

*254-255* • Der Ras-Mohammed-Nationalpark am südlichsten Punkt der Sinai Halbinsel ist ein zauberhaftes Ausflugsziel für alle Naturfreunde, die in Sharm el-Sheikh Urlaub machen.

● Mit ihrem Fischreichtum und ihren farbenprächtigen Korallen sind die Meeresgründe des Ras-Mohammed-Nationalparks im Roten Meer schon seit Jahrzehnten ein Top-Spot für Taucher.

# Die Wolkenkratzer im Jemen

- Eine Panoramaansicht von Sanaa mit dem *Bāb al-Yaman*, Haupttor zur Altstadt und deren Wahrzeichen. Die gewaltige Festung wurde vor über tausend Jahren errichtet. Die Hauptstadt Jemens ist eine der ältesten noch bewohnten Städte der Erde.

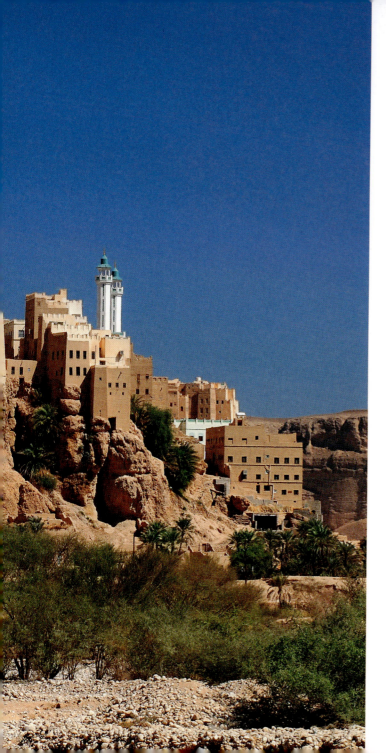

*260-261* • Wolkenkratzer aus Lehm: So werden die Häuser der malerischen Dörfer genannt, die die Sandsteinklippen entlang der berühmten „Weihrauchstraße" im Gebiet Hadramaut im Südjemen sprenkeln.

*261* • Ein typisches Turmhaus im Dorf Qaryat al-Qabil, einem der Juwelen des Tals des Wadi Dhahr, unweit von Sanaa.

# Entlang der Seidenstraße

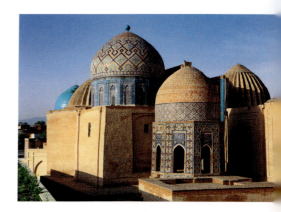

*262-263* • Der Platz Registan in Samarkand wird auf drei Seiten von Koranschulen, den Medresen, eingefasst.

*263* • Ein Mausoleum des Schahi-Sinda-Ensembles, das zu den Schätzen von Samarkand zählt. Der Legende nach wurde hier Kusam ibn Abbas, der Cousin des Propheten Mohammed, begraben.

*264-265* • Türkisblaue Kuppeldächer und ein hohes Minarett prägen den Komplex von Po-i-Kalyan mit der gleichnamigen Moschee und der Medrese Mir-i-Arab: ein architektonisches Schmuckstück in der Buchara-Oase, einem alten Karawanenstopp.

*265* • Das majestätische Westtor (Ota Darvosa) zur ummauerten Altstadt Itchan-Kala der Oasenstadt Khiva. Wahrzeichen der Stadt, obgleich unvollendet, ist das von türkisfarbenen Majoliken überzogene Minarett Kalta Minor im Inneren der Mauern.

## Am Baikalsee

• Ein aufgeschlagenes *Ger*, wie das traditionelle Filzzelt der Nomaden heißt, blickt am Ufer der Insel Olchon beim berühmten „Schamanenfelsen" auf den zugefrorenen Baikalsee.

- Der Baikalsee ist das weltweit größte Süßwasserreservoir: Flächenmäßig nur sechster verdankt er diesen Rekord der Tiefe von circa 1600 Metern und dem Wasservolumen von 23.000 Kubikkilometern. Vier bis fünf Monate pro Jahr bedeckt ihn eine Eisschicht.

# Reise auf dem Dach der Welt

*Tibet*

*270-271* • Im Hintergrund flatternder Gebetsfahnen ist der beeindruckende Gipfel des Mount Everest zu erkennen.

*271* • Bergsteiger auf dem Weg zum nördlichen Basislager des Mount Everest. Der Aufstieg auf dieser in Tibet gelegenen Bergseite ist ziemlich beschwerlich.

*272-273* • Gyantse, die drittgrößte Stadt des Autonomen Gebietes Tibet, wird vom Kumbum beherrscht. Dieser riesige *stupa* birgt mehr als hundert Kapellen, die sich auf mehrere Stockwerke verteilen und von wertvollen Statuen und Wandmalereien geschmückt werden.

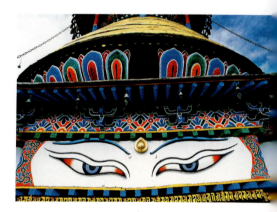

*273* • Häufig blicken von einem *stupa* und von einheimischen Häusern die Augen des Buddha (mit dem Punkt des „dritten Auges" in der Mitte). Sie symbolisieren in der tibetischen Kultur den allwissenden Geist des Erleuchteten.

● Einst Hauptresidenz des Dalai Lama, mutet der inzwischen in ein Museum umgewandelte Potala-Palast wie ein Palastberg an. Er umfasst, auf 13 Stockwerke verteilt, 999 Räume und 10.000 Heiligenschreine.

# Nepal

276 • Bhaktapur, einst eine der Hauptstädte des Malla-Reiches, liegt im Kathmandutal.

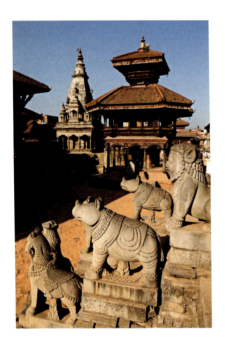

276-277 • Der *stupa* von Bodnath ist das bedeutendste buddhistische Heiligtum des Landes.

278-279 • Die Gipfel des Mount Everest (8848 Meter) und des Nuptse (7861 Meter) von der nepalesischen Seite des Himalaya aus gesehen.

## *Ladakh*

- In der ladakhischen Sprache bedeutet sein Name „verzauberter See": Der Pangong Tso liegt über 4000 Meter hoch auf der Hochebene der Region Ladakh. Seinem hohen Salzgehalt zum Trotz friert er im Winter komplett zu.

*282* • Das in einer herrlichen Mulde in 3500 Metern Höhe gelegene buddhistische Kloster Lamayuru an der hohen und holprigen Leh-Kargil-Straße, der „Autobahn von Ladakh", sollte man keinesfalls versäumen.

*282-283* • Die größte Klosteranlage von Ladakh, Thikse Gompa, ist für ihre Ähnlichkeit mit dem Potala-Palast in Lhasa bekannt. Sie wurde im 15. Jh. von Anhängern der Gelug-Schule, den „Gelbmützen", gegründet und bewahrt wertvolle Fresken, Handschriften und Heiligenschreine.

# Dem Lauf des Ganges folgend

*284-285* • Die Ganges-Quelle Gaumukh im Gangotri-Gletscher liegt in der gleichnamigen Berggruppe mit dem für die Hindu-Religion heiligen Berg Shivling.

*285* • Ein gläubiger Anhänger des Gottes Shiva meditiert am Ganges-Quellfluss Bhagirathi.

*286-287* • Varanasi ist die spirituelle Hauptstadt Indiens. Jeder Hindu sollte mindestens einmal im Leben über ihre Steintreppen (*ghat*) in den Ganges steigen.

## Rajasthan, im Indien der Maharadschas

*288-289* • Das auf den Maota-See blickende Fort Amber, ein Meisterwerk der Kunst der Rajputen, war lange die Residenz der Maharadschas von Jaipur.

*289* • Hawa Mahal, auch Palast der Winde genannt, in Jaipur wurde 1798 als Heim für die Hofdamen erbaut. Er hat 953 Fenster.

290 • Der Gadisar-See ist mit seinen kleinen Tempeln und steinernen Heiligtümern eine der Attraktionen von Jaisalmer.

290-291 • Das Bild der zauberhaften Altstadt von Jodhpur wird von vielen Häusern in verschiedenen Blautönen geprägt. Auf dem Felsen, der das Stadtbild beherrscht, beherbergt die Mehrangarh-Festung Paläste und ein Museum, in dem das kulturelle Erbe des Rathore-Clans ausgestellt wird.

# Sri Lanka, „die glänzende Insel"

● Das Stelzenfischen auf Sitzgelegenheiten namens *petta*, die an eine circa zwei Meter hohe, in den Sand gerammte Stelze gebunden werden, ist eine alte Technik, die heute noch 500 Fischerfamilien der Dörfer um die Stadt Galle im Südwesten Sri Lankas anwenden.

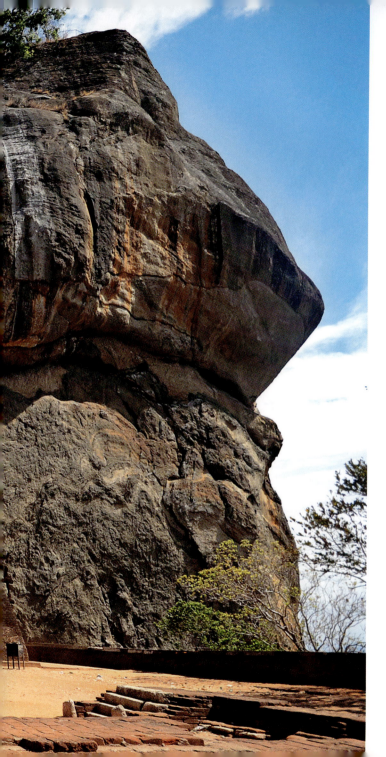

*294-295* • Der Zutritt zur Spitze des Sigiriya-Felsens wird von riesigen Löwenklauen beschützt. Die natürliche Festung genau in der Mitte der Insel umfasst die Ruinen des Palastes, den König Kashyapa im 5. Jh. errichtete, und beherrscht die Landschaft eines sattgrünen Tals.

*295* • Tänzer und Elefanten bereiten sich festlich herausgeputzt auf die Prozession für das Esala Perahera vor. Dieses außergewöhnliche Fest in der Stadt Kandy dauert zehn Nächte: In der letzten wird der Schrein mit dem Zahn Buddhas durch die Stadt getragen.

# Tauchen auf den Malediven

- In nicht mehr als zehn Minuten ist dieses Paradies barfuß zu umrunden. Die Regierung der Malediven hat ein Dutzend kleiner Inseln für die Errichtung von Resorts unter der Bedingung verpachtet, dass Umweltverträglichkeit und Nachhaltigkeit beachtet werden.

*298* • Ein Schwarm Adlerrochen schwimmt einem Ballett gleich mit eleganten und geschmeidigen Bewegungen.

*298-299* • Beim Tauchen auf den Malediven gerät man leicht in einen Schwarm *Lutjanus kasmira*. Dieser Fisch in gelb-blau gestreifter Livree ist im Indischen Ozean häufig anzutreffen.

# Die goldenen Tempel von Myanmar

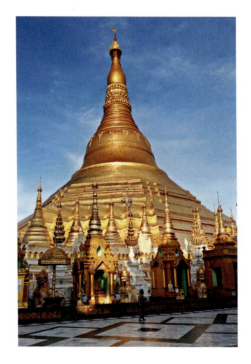

*300* • Die Shwedagon-Pagode in Yangon ist ein 98 Meter hoher, reich mit Gold verzierter *stupa* auf dem Gipfel des Singuttara-Hügels. Die Heiligenschreine in ihrem Inneren machen aus ihr das wichtigste Heiligtum der Birmanen.

*301* • Circa 2000 Tempel bilden das Panorama der Stadt Bagan am Ostufer des Flusses Irrawaddy.

*302-303* • Fischer des Volkes Intha führen ihre Boote mit Hilfe der Einbeinrudertechnik über das flache Wasser des Inle-Sees, um mit großen kegelförmigen Reusen zu fischen.

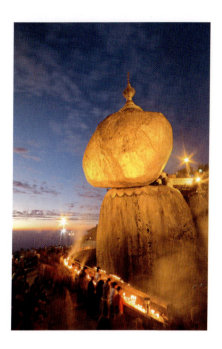

*303* • Der scheinbar instabile (es heißt, ein Haar Buddhas halte ihn im Gleichgewicht) Kyaiktiyo oder auch „Goldener Felsen" ist die heiligste Stätte in Myanmar. Er gehört zu einem Komplex mit Tempeln, *stupa* und Pagoden.

# Entdeckungsreise im Khmer-Reich

● Ein Sonnenuntergang spiegelt sich im *baray*, dem künstlichen Wasserbecken, das der Tonle-Sap-See speist. Dieses Licht zaubert eine magische Szenerie in Angkor Wat. Die monumentale Tempelanlage des Khmer-Reichs wurde Mitte des 12. Jh. von König Suryavarman II. errichtet.

306-307 • Eine Teilansicht von Ta Prohm, dem vielleicht eindrucksvollsten und rätselhaftesten Tempel von Angkor. Seine besondere Atmosphäre erschaffen Kapokbäume und deren Wurzeln, die die Ruinen überwuchern.

307 • Absolutes Meisterwerk der Khmer-Baukunst ist der Komplex Angkor Thom, der u.a. den Tempel Bayon umfasst. Das Antlitz des Königs Jayavarman VII. wurde hier unzählige Male im Stein abgebildet, um in alle Richtungen über das Reich zu wachen.

# Thailand, das Land des Lächelns

*308* • Trotz des Tsunami im Jahr 2004 ist die Inselgruppe Ko Phi Phi in der Andamanensee immer noch ein beliebtes Urlaubsziel mit einem Traummeer, idyllischen Stränden und vielen Tauchmöglichkeiten.

*309* • Der Film *The Beach* (2000) trug zur Berühmtheit der Insel Koh Phi Phi Leh bei.

*310-311* • Golfer finden auf Ko Phuket traumhafte Golfplätze inmitten der Inselnatur.

# Indonesien: Vulkane und Wellen

● Das „höllische" Schauspiel des Bromo: Der einzige noch aktive Vulkan im regelrechten Wald aus Calderas des Tengger-Vulkan-Massivs erhebt sich über einer von Asche bedeckten Ebene im Osten der Insel Java.

314-315 • Heftige Wellen brechen sich am Inseltempel Tanah Lot auf einem kleinen Eiland an der Westküste von Bali. Er ist Sanghyang Sangkara, der balinesischen Gottheit der Nahrung, geweiht und ein sehr stimmungsvoller Ort.

315 • In Panoramalage am Ufer eines Vulkansees in der Inselmitte liegt der im 17. Jh. erbaute Pura Ulun Danu Bratan. Er ist der bedeutendste balinesische Tempel, der Shiva geweiht ist. Sein Bild ziert die indonesischen 50.000 Rupiah-Banknoten.

316 • Zahlreiche Surfspots, mit Namen wie Impossibles und Point G, vor der Küste Balis machen aus der Insel eine der Welthauptstädte des Adrenalinsports, den ein US-amerikanischer Athlet in den 1930er Jahren einführte.

316-317 • Ein *Paraglider* überfliegt Balis Südküste. Aktivurlaub, Mondänität, Relax, Kultur und vieles mehr: Dank ihres umfassenden Angebotes ist Bali das Ziel von 90% der Urlauber, die Indonesien besuchen.

## Begegnung mit den Völkern Asiens

*318-319* • Nomaden zu Pferd auf einer Piste im Altai: Mehr als die Hälfte der mongolischen Bevölkerung lebt heute noch als Nomaden.

*319* • Im Gebiet des Altaigebirges leben circa 800.000 Muslime, die der kasachischen Ethnie angehören: Sie sind Meister der Falknereikunst.

● Bei besonderen Anlässen – z.B. dem Neujahrsfest des Mondkalenders – tragen die Frauen des Miao-Volkes in der Provinz Guizhou im Südwesten Chinas ausgefeilte, bis zu 10 Kilogramm schwere Schmuckstücke aus Silber.

● Frauen des Stammes der sogenannten Langhorn-Miao. Die 6000 Mitglieder zählende, in einem Dutzend Dörfern in Guizhou lebende Ethnie verdankt ihren Namen den einzigartigen Frisuren ihrer Frauen, die ihre Haare um ein hölzernes Horn wickeln.

*324* • Die Frauen des Kayan Lakwi-Stammes werden aufgrund der (ab dem 5. Lebensjahr nach und nach hinzugefügten) Messinghalsreifen, die die Wirbelsäule komprimieren und den Hals verlängern, „Giraffenfrauen" genannt. Die Regierungen von Thailand und Birma bemühen sich darum, dieser Praxis Einhalt zu gebieten.

*324-325* • Eine Frau des Bergvolkes Akha. Diese Ethnie lebt in Thailand, Laos und Myanmar und ist bekannt für die typischen Kopfbedeckungen, die mit Silber, Münzen und Bambus geschmückt werden. Mit ihnen zeigt jede Frau ihre Stellung in der Gemeinschaft an.

## Im grenzenlosen China

● Er sieht aus wie ein Riesenklotz: Der 7000 Meter hohe Muztagh Ata an der Grenze zwischen China und Pakistan spiegelt sich im klaren Wasser des Karakul-Sees auf der Pamir-Hochebene.

*328* • Natürliche Sinterbecken zaubern eine faszinierende Landschaft in Huanglong im Min-Shan-Gebirge, das die Großen Pandas der Provinz Sichuan beheimatet.

*329* • Dieser Abschnitt der Chinesischen Mauer erstreckt sich in Badaling, unweit von Peking. Mit dem Bau des imposanten Grenzwalls wurde im 3. Jh. v. Chr. begonnen.

● Gärten, Pavillons und Pagoden überziehen die Landschaft des Westsees bei der Stadt Hangzhou in der Provinz Zhejiang. Seit Jahrhunderten inspiriert diese romantische Schönheit Maler und Dichter.

## Japan, die Gärten der Harmonie

*332-333* • Der als Silberner Pavillon bekannte Tempel Ginkaku-ji liegt in der sanften Natur des Gebietes Higashiyama auf den Anhöhen im Osten Kyotos.

*333* • Der Kinkaku-ji ist der berühmteste Tempel von Kyoto. Er wird von Blattgold bedeckt.

Den Shinto-Schrein Fushimi Inari-taisha im Süden Kyotos erreicht man über einen Weg aus Tausenden *torii*, leuchtend roten Toren, die dem Tempel im Laufe der Jahrhunderte geschenkt wurden. Einer hinter den anderen gesetzt bilden sie einen 4 Kilometer langen Tunnel.

# Extremabenteuer in Kamtschatka

*336-337* • Der Kljutschewskaja Sopka (4750 Meter) ist der höchste Berg von Kamtschatka und der höchste aktive Vulkan Eurasiens.

*337* • Ein Säuresee befindet sich im Krater Troizki des Vulkans Maly Maly Semjatschik im Osten Kamtschatkas.

338 • Das Kronozki-Naturreservat beherbergt eine Population von circa 700 Kamtschatkabären (*Ursus arctos beringianus*). Diese Bärenunterart wird dank ihrer Ernährungsweise und einer kürzeren Winterruhe besonders groß.

338-339 • Sein Flussbecken, das sich auf fast 500.000 Hektar erstreckt und von der Schneeschmelze der Vulkanberge Kamtschatkas gespeist wird, macht den Zhupanova zu einem Paradies für alle Sportfischer: Er ist einer der forellenreichsten Flüsse der Erde.

# OZEANIEN und PAZIFIK, die "GLÜCKLICHEN INSELN"

- Rangiroa, das größte Atoll südlich des Äquators, gehört zum Tuamotu-Archipel (Französisch-Polynesien).

## EINLEITUNG Ozeanien und Pazifik, die glücklichen Inseln

Vor ein paar Jahren schrieb das Tourismus-Ministerium des australischen Staates Queensland per Internet-Wettbewerb „den besten Job der Welt" aus. Es handelte sich darum, ein Jahr lang - gut bezahlt - als Leuchtturmwärter auf Hamilton Island zu leben, einer der Hunderten von Koralleninseln, die aus dem australischen Great Barrier Reef ragen. Nicht, dass hier viel zu hüten wäre, und so konnte der glückliche Gewinner – ein junger englischer Gärtner – dann auch 365 Tage lang tauchen, schnorcheln, segeln und sich an den weissen Stränden dieses einmaligen Paradieses entspannen.

Und jede Wette: Er hatte bestimmt viele Neider – in allen Breitengraden. Denn ein Jahr lang „mit dem Kopf nach unten" diese traumhaften Meereslandschaften geniessen zu können, ist der schönste Traum überhaupt. In Wahrheit besitzt Australien auch unendlich viele „Land"-Schönheiten. Allen voran steht der rote Monolith Ayers Rock, bei dem sich die

## EINLEITUNG Ozeanien und Pazifik, die glücklichen Inseln

BERÜHMTEN TRAUMPFADE (DIE LEGENDEN DER SOGENANNTEN TRAUMZEIT, URSPRUNG DER KULTUR DER ABORIGINES) VERSCHLINGEN, VON DENEN DER SCHRIFTSTELLER UND REISENDE BRUCE CHATWIN ERZÄHLTE. DOCH DIE KOLLEKTIVE VORSTELLUNGSWELT SIEHT IN DIESEM GROSSEN LAND UND IN DEN ANDEREN LÄNDERN IM PAZIFISCHEN OZEAN VOR ALLEM EIN „MEERESZIEL". ES WURDE IHNEN JA PRAKTISCH IN DIE WIEGE GELEGT: VOR WENIGER ALS 300 JAHREN ENTDECKTE DER BRITISCHE FORSCHER JAMES COOK AN BORD DER *ENDEAVOUR* DIE SAGENHAFTE *TERRA AUSTRALIS* UND FÜGTE OZEANIEN IN DIE WELTKARTE EIN. ER WAR DER ERSTE EUROPÄER, DER BIS ZUR INSELKETTE HAWAII KAM UND IN TAHITI LANDETE. AUF EINEM STRAND IN NEUSEELAND KNÜPFTE ER DIE „ERSTEN KONTAKTE" ZUM VOLK DER MAORI. UND IM JAHR 1770 ANKERTE ER IN AUSTRALIEN IN DEM MEERESEINSCHNITT, DER VON IHM BOTANY BAY GETAUFT WURDE UND HEUTE EINE DER WUNDERSCHÖNEN BUCHTEN DER STADT SYDNEY IST.

## EINLEITUNG  Ozeanien und Pazifik, die glücklichen Inseln

NOCH HEUTE FOLGEN DIE REISENDEN IM JÜNGSTEN KONTINENT DEN SPUREN VON COOK. DENN HIERZULANDE FÜHLEN WIR UNS ALLE EIN WENIG WIE ERFORSCHER UNBERÜHRTER LAND- UND MEERESSTRICHE. IN NEUSEELAND – WO DIE HERRLICHE BUCHT VON AUCKLAND, DIE WELTHAUPTSTADT DES SEGELSPORTS, AUFREGENDE TÖRNS VERSPRICHT – ERWARTEN DEN BESUCHER FANTASTISCHE SZENERIEN IM FIORDLAND-NATIONALPARK AN DER SÜDSPITZE DER SÜDINSEL: WIE SEIN NAME VERRÄT, BESTEHT ER AUS EINER VIELZAHL TIEFER, WUNDERBAR GRÜNER FJORDE, DIE KEINE SPUREN MENSCHLICHER GEGENWART AUFWEISEN. MIT BEEINDRUCKENDEN LANDSCHAFTSBILDERN BESTICHT AUCH DER ORT ROTORUA AUF DER NORDINSEL, KULTSTÄTTE DER MAORI: MAN KANN HIER EINE FAST VOLLSTÄNDIGE SAMMLUNG GEOTHERMALER ERSCHEINUNGEN BESTAUNEN. DAS MEER UND SEIN ZAUBER SIND FERNER DIE PROTAGONISTEN JEDER REISE ZU DEN PARADIESISCHEN ATOLLEN UND EILANDEN DER POLYNESISCHEN ARCHIPELE UND ZU DEN FIDSCHI-INSELN, OB ES NUN EIN

## EINLEITUNG Ozeanien und Pazifik, die glücklichen Inseln

ROMANTIKURLAUB AN ORTEN WIE TAHITI UND BORA BORA ODER EINE KREUZFAHRT ZU DEN MARKISEN- ODER SAMOA-INSELN SEIN SOLL. ZWEI FERNAB VOM REST DER WELT GELEGENE UND GRUNDVERSCHIEDENE ORTE GEHÖREN ZWAR VERWALTUNGSTECHNISCH NICHT ZU OZEANIEN, WERDEN JEDOCH GEOGRAPHISCH DEM PAZIFIK ZUGERECHNET: DIE INSELKETTE HAWAII UND DIE OSTERINSEL. ERSTERE IST TERRITORIUM DER VEREINIGTEN STAATEN UND EINES DER BELIEBTESTEN URLAUBSZIELE WELTWEIT. SIE BEGEISTERT MIT VERGNÜGEN PUR UND ABENTEUERN IN DER NATUR DER AKTIVEN VULKANE, DIE SIE BEHERRSCHEN. DAGEGEN IST DIE ZWEITGENANNTE – DIE POLITISCH ZU CHILE GEHÖRT – WOHL DIE ENTLEGENSTE UND RÄTSELHAFTESTE INSEL DER WELT: SIE WIRD VON KOLOSSALEN, MOAI GENANNTEN STEINSKULPTUREN MIT MENSCHLICHEN ZÜGEN BEWACHT, DIE EIN LÄNGST VERGESSENES VOLK ERRICHTETE. BIS IN DIESE ENTLEGENEN WINKEL KOMMEN WIRKLICH NUR PROFESSIONELLE WELTENBUMMLER (UND TRÄUMER) UND SOLCHE, DIE ES WERDEN WOLLEN.

## Die Inseln der Urahnen

*346-347* • Die Rock Islands von Palau ragen mit ihrer üppig grünen Vegetation wie Pilzköpfe aus dem Pazifik.

*347* • Die Gewässer des Palau-Archipels beheimaten circa 600 Korallenspezies, 75% der bekannten Arten.

• Die Einheimischen von Papua-Neuguinea sind Jäger und Sammler. Ihre Heimat ist der dichte Regenwald. Einige, darunter die Korowai (deren Existenz erst seit circa dreißig Jahren bekannt ist), leben in Baumhäusern, die sie bis zu 15 Meter hoch über dem Boden bauen.

*350-351* • Die Körper mit Lehm und anderen farbenprächtigen Pigmenten bedeckt, die Köpfe mit Federn geschmückt: Eine Gruppe Männer des Stammes Huli bereitet sich auf den Tanz im Verlauf einer *sing sing* genannten Zusammenkunft der Einheimischen von Papua-Neuguinea vor.

*351* • Papua ist in ethnischer Hinsicht eines der reichsten Gebiete der Erde: Hier leben 5 Millionen Menschen in 700 Stämmen, die ebenso viele Sprachen sprechen.

# Im Outback Australiens

352 • Das Johnston-Krokodil oder Australische Süßwasserkrokodil ist das häufigste Reptil des Kakadu-Nationalparks.

352-353 • Im westlichen Teil des Kakadu-Nationalparks befinden sich die circa 200 Meter hohen Jim Jim Falls.

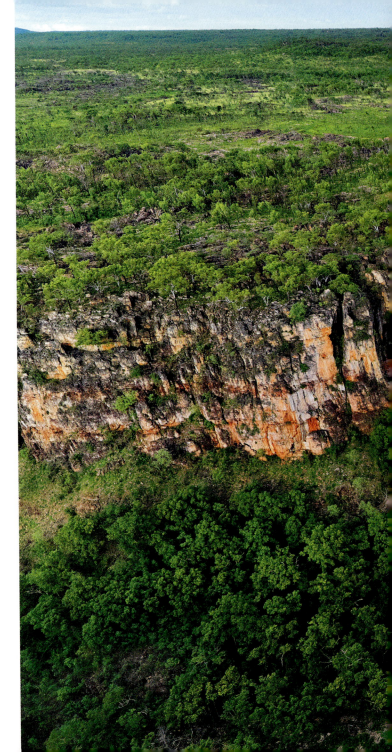

*354* • Der Mount Olga heißt bei den Aborigines Kata Tjuta („Berg der vielen Köpfe"). Diesen Namen verdankt er seinem besonderen Erscheinungsbild mit 36 Kuppen aus Basalt, Granit und Schiefer.

*355* • Mit seiner tiefroten Farbe ist der Monolith Ayers Rock eines der Wahrzeichen Australiens und außerdem das berühmteste Ziel des Uluru-Kata Tjuta-Nationalparks im Northern Territory.

*356-357* • Pinnacles heißen die verwitterten Kalksteinsäulen, die aus dem goldgelben Sand des Nambung-Nationalparks ragen. Diese eindrucksvolle Wüste in Western Australia reicht bis zur Küste, die der Indische Ozean umspült.

# Die Wunder des Great Barrier Reef

358 • Das Große Barriereriff vor Australien zieht sich über eine Länge von 2600 Kilometern.

359 • Eines der Schmuckstücke des Bundesstaates Queensland ist der Archipel der Whitsunday Islands.

*360* • Der weiße Hai, größter Raubfisch der Welt, zählt zu den Bewohnern des Großen Barriereriffs.

*360-361* • Gorgonien, leuchtende Seefächer, in denen es vor Leben wimmelt, kommen zahlreich vor am Großen Barriereriff.

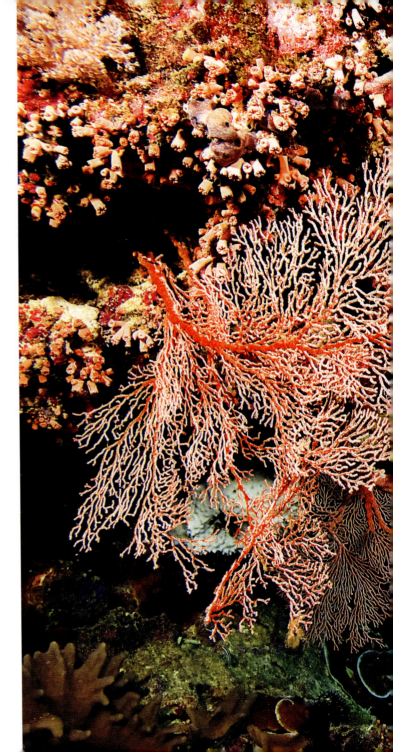

# Entdeckungsreise in Tasmanien

*362* • An der großen Flussmündung des Derwent River liegt Hobart, die Hauptstadt Tasmaniens. Ihr Hafen genießt den Ruf des am besten geschützten Landeplatzes der Südhalbkugel.

*363* • Die von granitenen Gipfeln eingefasste, perfekt kelchfömige Wineglass Bay bildet die Hauptattraktion der Freycinet-Halbinsel. Sie besitzt einen der schönsten Strände der Welt.

*364* • Der Mount-Field-Nationalpark umfasst magische Wälder mit einem Unterholz aus riesigen Baumfarnen und Pandanis (*Richea pandanifolia*), palmenähnlichen, endemischen Pflanzen Tasmaniens, die zur Familie der Ericacee gehören.

*364-365* • In eine üppig grüne Vegetation gebettet, sind sie die eindrucksvollste Naturattraktion Tasmaniens: Die Russell-Fälle wurden im Jahr 1885 zum ersten Naturschutzgebiet der Insel erklärt.

# Neuseeland, im Land der Maori

366 • Zahlreiche Geysire überziehen das Geothermalfeld Whakarewarewa in der Nähe von Rotorua.

367 • Der Champagne Pool ist eines meistfotografierten Naturwunder des Thermalgebietes Wai-o-Tapu, das für die intensive geothermale Aktivität berühmt ist.

● Ein Feld blühender Lupinen der Russel-Serie kleidet das Eglinton Valley in bunte Farben. Die malerischen Ausblicke auf nebelumhüllte Berge brachten diesem Gebiet unweit der Stadt Te Anau auf der Südinsel Neuseelands den Beinamen „Tal der verschwindenden Berge" ein.

*370 und 370-371* • Eines der meistbesuchten Naturschauspiele des Fiordland-Nationalparks ist der Milford Sound. Moose und riesige Baumfarne prägen die fantastische Szenerie seiner Wälder.

*372-373* • Der Mitre Peak (Bischofshut) im Fiordland-Nationalpark am Südzipfel der Südinsel ist das Wahrzeichen schlechthin unter den Bergen Neuseelands. 1692 Meter hoch erhebt er sich über einem zauberhaften Fjord.

## Traumhaftes Polynesien

*374* • Die Opunohu-Bucht der Insel Moorea ist ein perfektes Flitterwochenziel.

*374-375* • Bora Bora bedeutet auf Tahitianisch „die Erstgeborene", erschaffen vom Gott Taaroa.

• Eine der zauberhaftesten Szenerien des Archipels der Markisen-Inseln: Die Landstriche dieser abgelegenen vulkanischen Eilande sollen als letzte vom Menschen besiedelt worden sein. Besonders aufregend gestaltet sich die Anreise an Bord des in Papeete startenden Postflugzeugs.

378 • Die Südküste der Insel Upolu, zweitgrößte von Samoa, wird von einem großen, aus dem Ozean ragenden Basalt-Vulkan gebildet.

378-379 • Das granitene Massiv von Vatu Vula beherrscht den Strand der Wayasewa Island, die zu den Yasawa-Inseln des Inselstaates Fidschi gehört. Hier gibt es weder Banken noch Geschäfte, sondern nur wilde Natur für einen Urlaub fernab der Zivilisation.

• Schwer zu sagen, ob die märchenhaften Archipel der Südsee mehr Emotionen über Wasser oder unter Wasser schenken. Diese Gefilde – ob es sich nun um Korallen, tropische Vegetation oder kunterbunte Fische handelt – bieten ein außergewöhnliches Farbenschauspiel.

# Die verlorenen Eilande des Pazifiks

## *Osterinsel*

- Die 15 riesigen und rätselhaften Statuen (genannt Moai) von Ahu Tongariki bilden die wichtigste archäologische Stätte der Osterinsel, die die Einheimischen Rapa Nui, „Große Insel", nennen. Das Eiland liegt 3700 Kilometer vor der chilenischen Küste isoliert im Pazifik.

# Galápagos

*384-385* • Finster präsentiert sich die Landschaft der Insel Bartolomé im Archipel der Galápagos-Inseln.

*385* • Stolze Namensgeberin der Inselgruppe war die Riesenschildkröte (*galápagos*).

*386* • Rote Klippenkrabben rasten auf den Lavafelsen der Isla Fernandina.

*386-387* • Die Meerechse der Galápagos-Inseln sucht als einzige Leguanart ihre Nahrung im Wasser. Bis zu einer halben Stunde können diese Tiere unter Wasser bleiben, um Algen abzuweiden.

## Hawaii

*388* • Unter den Top Ten der aktivsten Vulkane der Erde spuckt der Kilauea auf der Insel Hawaii (oder auch Big Island) schon seit Jahrzehnten nicht weniger werdende, glühend rote Lavamassen, die Tag für Tag beängstigend anmutende Schauspiele erzeugen.

*388-389* • Per Boot, per Helikopter oder per anstrengendem Fußmarsch erreicht man die Klippen der Na Pali Coast, einem der vielen Naturwunder auf Kauai, der südlichsten Hawaii-Insel.

- Jedes Jahr im November kommen circa 1500 Buckelwale nach einer langen Reise vom arktischen Meer in die Gewässer der Hawaii-Inseln. Zur Freude aller Walbeobachter bleiben sie bis April hier, um sich fortzupflanzen.

# AMERIKA, IMMER wieder eine ENTDECKUNG

- Eines der Wahrzeichen der Vereinigten Staaten ist der vom Colorado River ausgehöhlte Grand Canyon.

## EINLEITUNG Amerika, immer wieder eine Entdeckung

IN AMERIKA GIBT ES NUR EINE SÜNDE: BEGRENZTHEIT. DIESER BERÜHMTE APHORISMUS STAMMT VON RALPH WALDO EMERSON, SCHRIFTSTELLER UND PHILOSOPH, DER GEMEINSAM MIT SEINEM FREUND HENRY DAVID THOREAU ALS PROPHET DER *WILDERNESS* GILT. ER BEZOG SICH NATÜRLICH AUF „SEIN" AMERIKA, DAS DER VEREINIGTEN STAATEN, DOCH DIE AUSSERORDENTLICHE MENGE UND VIELFALT DER SCHIER UNENDLICH WEITEN, KAUM EINGRENZBAREN FLÄCHEN SIND DEM GESAMTEN KONTINENT GEMEIN, VON KANADA UND ALASKA IM ÄUSSERSTEN NORDEN MIT DEM DENALI-NATIONALPARK (IN DEM ES MEHR BÄREN ALS MENSCHEN GIBT) BIS ZU DEN LANDSCHAFTEN PATAGONIENS UND FEUERLANDS AM SÜDZIPFEL.

AMERIKA – ODER BESSER DIE BEIDEN AMERIKAS – IST NUN EINMAL DAS LAND DER SUPERLATIVE UND DAHER SIND HÖCHSTE TÖNE BEI ERZÄHLUNGEN VON REISEN IN DIESE GEFILDE EINFACH UNVERMEIDBAR. SIE SUCHEN DIE GRÖSSTEN BÄUME DER ERDE? DANN FAHREN SIE NACH

# **EINLEITUNG** Amerika, immer wieder eine Entdeckung

KALIFORNIEN, HIER KÖNNEN SIE DIE MAMMUTBÄUME BEWUNDERN. SIE MÖCHTEN DIE MITREISSENDE ERFAHRUNG ERLEBEN, DURCH DAS GRÖSSTE MEER AUS BÄUMEN DER WELT ZU FAHREN? DANN PLANEN SIE EINE EXPEDITION ENTLANG DES RIO NEGRO IM AMAZONAS-REGENWALD, DER UNFASSBAREN GRÜNEN LUNGE DER ERDE. AUCH DIE GRÖSSTE – TREFFEND, DOCH FAST EIN WENIG FANTASIELOS GRAND CANYON GETAUFTE – SCHLUCHT DER WELT FINDET SICH HIER UND IM YELLOWSTONE-NATIONALPARK BRODELN DIE SPEKTAKULÄRSTEN GEYSIRE. AUFREGENDE ENTDECKUNGSREISEN IN DAS REICH DER ALLIGATOREN SIND IM MARSCHLAND DER EVERGLADES IN FLORIDA MÖGLICH ODER IM BRASILIANISCHEN FEUCHTGEBIET DES PANTANAL, DAS MIT DER GRÖSSTEN BIOLOGISCHEN VIELFALT DES PLANETEN AUFWARTET - LAUT NATURFORSCHERN GILT ES HIER SOGAR NOCH ARTEN ZU ENTDECKEN... UND APROPOS NATUR: WER WÜRDE NICHT GERNE EINMAL IM ARCHIPEL DER GALÁPAGOS-INSELN MIT DEN VON CHARLES DARWIN ERFORSCH-

## EINLEITUNG Amerika, immer wieder eine Entdeckung

TEN RIESENSCHILDKRÖTEN AUF TUCHFÜHLUNG GEHEN? DIE LISTE DER TRAUMZIELE LÄSST SICH UNENDLICH FORTSETZEN. SOGAR AUSSERIRDISCH ANMUTENDE VISIONEN HÄLT DIESER RIESENKONTINENT BEREIT, DENN DIE ATACAMA-WÜSTE IN BOLIVIEN IST SO TROCKEN UND GLEISSEND HELL, DASS MAN SIE FÜR EIN MARSTAL HALTEN KANN. SOZUSAGEN ZURÜCK AUF DER ERDE UND DEN SPUREN FOLGEND, DIE DER MENSCH AUF DEM EINST „NEUE WELT" GETAUFTEN ERDTEIL HINTERLASSEN HAT, BEGEISTERN DIE FASZINIERENDEN ORTE, DIE VON DEN TEILS HEUTE NOCH MYSTERIÖSEN PRÄKOLUMBISCHEN HOCHKULTUREN ERZÄHLEN: VON DEN MAYA, DIE DIE PYRAMIDEN IN CHICHÉN ITZÁ UND TIKÁL ERRICHTETEN, BIS ZU DEN INKAS, DEREN GEIST IN DER RUINENSTADT MACHU PICCHU EBENSO WEITERLEBT WIE IN DEN ANTLITZEN IHRER NACHFAHREN, DEN INDIANERN, DIE IN DER STADT CUZCO, DER KÖNIGIN DER ANDEN, UND AN DEN UFERN DES TITICACASEES ZWISCHEN PERU UND BOLIVIEN ZU HAUSE SIND. VIELE ANDERE ORTE WIEDERUM BEWAHREN ZEUGNISSE DER EUROPÄISCHEN KOLONISIE-

## EINLEITUNG Amerika, immer wieder eine Entdeckung

RUNG. ALLEN VORAN STEHEN DIE WUNDERSCHÖNE KUBANISCHE BAUKUNST UND DIE BUNTEN HÄUSER IN SALVADOR DA BAHIA IM BRASILIANISCHEN BUNDESSTAAT BAHIA ODER DIE HERRLICHEN LANDGÜTER IN DER PAMPA IN ARGENTINIEN, DER HEIMAT DER GAUCHOS.

UND ALLEN, DIE VON EINER REISE IM ZEICHEN VON ERHOLUNG, UNTERHALTUNG UND SCHÖNHEIT TRÄUMEN, ZEIGT SICH DAS „JUNGE" AMERIKA VON SEINER VERGNÜGLICHEN URLAUBSSEITE: MAN NEHME NUR EINES SEINER BERÜHMTESTEN MEERESZIELE, DIE INSELKETTE DER FLORIDA KEYS, DIE EINEN VORGESCHMACK AUF DIE KARIBIK GIBT. DORT WARTET EINE IMMENSE VIELFALT AN PARADIESEN, EINES SCHÖNER ALS DAS ANDERE, DARUNTER DIE BAHAMAS UND DIE JUNGFERNINSELN, DAS INSELPAAR TRINIDAD UND TOBAGO, DAS BARRIEREIFF VON BELIZE UND DER HERRLICHE VENEZOLANISCHE ARCHIPEL LOS ROQUES, DER 365 WINZIGE EILANDE ZÄHLT, FÜR JEDEN TAG IM JAHR EINES: HIER WIRD DAS LEBEN À LA ROBINSON CRUSOE NIEMALS LANGWEILIG.

## Vom Schnee Alaskas bis zu den Rocky Mountains

• Die einheimischen Athapasken nennen ihn Denali, das bedeutet „Der Große". Und groß ist er wirklich: Mit 6168 Metern Höhe ist der Mount McKinley in Alaska der höchste Berg Nordamerikas.

*400* • Nadelbäume spiegeln sich im Kenai River auf der gleichnamigen Halbinsel in Zentralalaska. Die wenigen Ortschaften in diesem wilden Paradies liegen weit voneinander entfernt. Besondere Bekanntheit unter ihnen genießt der Ort Homer als Endstation des US-amerikanischen Straßennetzes.

*401* • Bärenbeobachtung ist auf einer Reise nach Alaska das aufregendste Abenteuer. Hauptziel für das *bear viewing* ist das Schutzgebiet des Katmai-Nationalparks mit einer Population von 2000 Grizzlybären.

*402-403* • Vom Aussichtspunkt auf dem Bow Summit Pass sind die herrlichen Farben des Peyto Lake zu bewundern, eine der größten Sehenswürdigkeiten des 1885 zum Schutz der kanadischen Rocky Mountains eingerichteten Banff-Nationalparks.

# Die großen Parks im amerikanischen Westen

## *Yellowstone-Nationalpark*

- Die atemberaubenden Lower Falls sind einer der Wasserfälle des Yellowstone River. Sie zeigen den Eingang zum circa 300 Meter tiefen Grand Canyon of the Yellowstone an, einem der malerischsten Bilder des Nationalparks.

406 • Unter den circa 10.000 geothermalen Erscheinungen im Yellowstone-Nationalpark befinden sich 500 sprudelnde Geysire.

406-407 • Die Grand Prismatic Spring ist die berühmteste Thermalquelle im Yellowstone-Nationalpark und die größte der Vereinigten Staaten. Ihre schillernden Farben verdankt sie der Ansammlung stark pigmentierter Mikroorganismen in ihrem mineralreichen Wasser.

## Yosemite-Nationalpark

• Die spektakuläre Landschaft des Yosemite Valley taucht aus dem Dunst auf. 1864 wurde das Tal als erstes Areal der Vereinigten Staaten zum Schutzgebiet erklärt. Im Jahr 1890 gründete der Kongress dann den Yosemite-Nationalpark.

## Giant Sequoia National Monument

- In der Sierra Nevada in Kalifornien schützt das Giant Sequoia National Monument zehn Bäume, die die größten lebenden Organismen der Erde sind. Das Alter der bis zu 90 Meter hohen Mammutbäume, deren Umfang 35 Meter erreicht, wird auf circa 2000 Jahre geschätzt.

## Death-Valley-Nationalpark

- Im Death Valley befinden sich Orte wie Racetrack Playa (oben), ein ausgetrockneter See mit mysteriösen Wandernden Steinen, und Zabriskie Point (rechts), berühmt für den Blick auf eine Landschaft mit erodierten, sedimentären und vulkanischen Formationen.

## Vermilion Cliffs National Monument

● The Wave („Die Welle"), ein außergewöhnliches „U"-förmiges Tal, wurde in Millionen Jahren von der Erosion in den Sandstein geschliffen und ist der größte geologische und landschaftliche Schatz des Vermilion Cliffs National Monument in Arizona.

## Monument Valley

- Mit seinen quadratischen Tafelbergen, den *mesas*, und seinen Spitzkuppen, den *butte*, die das Ergebnis Jahrtausende langer Erosion sind, ist das Monument Valley der meistgeknipste Park der Navajo Nation. Es handelt sich um einen beliebten Drehort für den Mythos Western à la John Ford.

# Arches-Nationalpark und Bryce-Canyon-Nationalpark

*418* • Delicate Arch ist die eindrucksvollste Formation aus rotem Sandstein des Arches-Nationalpark in Utah.

*418-419* • Der Bryce Canyon in Utah wirkt wie ein steinerner Wald mit unendlich vielen Zinnen.

# Grand-Canyon-Nationalpark

420 ● Der Horseshoe Bend, ein hufeisenförmiger Mäander des Colorado River, wird von einer hohen Sandsteinklippe beherrscht.

420-421 ● Rafting in der Schlucht des Grand Canyon ist ein unvergessliches Erlebnis.

## Das grüne Meer der Everglades

*422-423* • Ein *airboat* ist das ideale Gefährt, um die Kanäle der Everglades zu erkunden und an Alligatoren vorbei durch Grasland und Mangroven zu brausen.

*423* • Bei den Seminolen heißen die Everglades *Pa-Hay-Okee*, „Grasfluss".

*424-425* • Echte Sumpfzypressen scheinen wie Baumsäulen direkt aus dem Wasser zu wachsen. Sie sind eine der vielen Pflanzenarten der Everglades.

*425* • Unumstrittener König der Everglades ist der Mississippi-Alligator, der gefräßigste Räuber des Nationalparks.

# Die Kette der Florida Keys

*426* • Boca Chica Key, eine der Inseln der Florida Keys, gehört zum Biscayne-Nationalpark.

*426-427* • Über dem Meer zu schweben: Dieses Gefühl hat man beim Fahren über die Bahia Honda Bridge zwischen den Inseln Bahia Honda Key und Spanish Harbor Key.

## Kuba, Revolution in der Karibik

• Vor Kubas Nordküste liegt die Insel Cayo Coco. Sie ist berühmt für ihre kilometerlangen unberührten Stände vor einem ruhigen, kristallklaren Meer.

*430* • Die üppig grüne Landschaft mit Wäldern und Wasserfällen des kubanischen Mittelgebirges Sierra del Escambray. Außer seinen Naturschönheiten besitzt es auch historische Bedeutung: Hier befand sich das Lager von Che Guevara während der Revolución.

*430-431* • In der Provinz Pinar del Río ist das hinreißend schöne Valle di Viñales berühmt für seine Tabakfelder (hier gedeiht der beste Tabak der Insel) und die *mogotes*, charakteristische Karstkegel mit Dutzenden Grotten.

432-433 • Dank Restaurierungen erstrahlen in Sancti Spiritus im Zentrum Kubas viele Häuser wieder in ihrer einstigen Eleganz.

433 • Die Oldtimer Kubas (das neueste Auto stammt aus dem Jahr 1961, als das Kuba-Embargo der USA begann) zählen zu Recht zu den Insel-Schönheiten.

# Bahamas und Bermuda-Inseln, grenzenloses Blau

*434* • Ein kleiner Leuchtturm aus dem 19. Jh. auf einem verlassenen Vorgebirge, in der Ferne die Silhouette des Royal Towers, eines der teuersten Resorts der Welt: Das sind die beiden Gesichter von Paradise Island vor der Stadt Nassau und deren Hafen.

*435* • Ein karibischer Traum: das Panorama des Labyrinths aus verlassenen Inseln und des herrlichen Meers der Bahamas. Von den mehr als tausend Eilanden des Archipels werden gerade mal 30 ständig bewohnt.

*436-437* • Eine Begegnung mit Tigerhaien steht ganz oben auf der Wunschliste mutiger Taucher. Die Bahamas machen dieses Abenteuer möglich: Nicht weit vor der Insel Gran Bahama heißt ein Gebiet aufgrund der hohen Dichte dieser Meeresräuber Tiger Beach.

*437* • Viele andere Tauchgebiete warten mit Schiffsrelikten auf, vor den Bahamas gehen die Taucher auf die Jagd von Flugzeugwracks. Diese Cessna hier liegt in zehn Metern Tiefe vor Nassau und vor Norman's Cay ist die berühmte DC-3 zu bestaunen, die Drogen für das berüchtigte Medellin-Kartell transportierte.

● Auf den Bermudas herrscht beileibe kein Mangel an zauberhaften Stränden, doch Jobson's Cove wurde einhellig zum romantischsten gekürt. Mächtige Klippen schützen ihn vor den Wellen und das türkisblaue Meer bildet einen märchenhaften Kontrast zum rosafarbenen Sand.

# Dominikanische Republik, die Landung des Kolumbus

*440-441* • Das Fort San Felipe ist eines der wichtigsten Zeugnisse aus der Kolonialzeit von Santo Domingo.

*441* • An der Ostküste von Santo Domingo wechseln sich wilde Strände, Luxusresorts und Golfplätze ab.

- Die Meeresgründe vor Santo Domingo bieten abwechslungsreiche Aktivitäten, z.B. Tauchgänge zum Unterwassermuseum vor Bayahibe, wo man durch die Überreste einer im 18. Jh. gesunkenen Galeone schwimmen kann.

## St. John, Perle der Jungferninseln

*444-445* • Eines der malerischen Häuser im Kolonialstil in Cruz Bay, Hauptort von St. John.

*445* • Die herrliche Küste von Cruz Bay auf St. John, der kleinsten unter den Amerikanischen Jungferninseln.

## Aruba, Klein-Holland in der Karibik

*446-447* • An den Stränden von Aruba posieren Flamingos gerne für Fotos. Sie sind das Wahrzeichen der Niederländischen Antillen.

*447* • Oranjestad, die Hauptstadt der Insel Aruba, mutet wie ein Amsterdam in karibischen Farben an.

## Mit den Walen vor der Baja California

*448* • Die von Cabo San Lucas startenden Boote bringen die Urlauber zum Beobachten von Walen, Seelöwen und Delfinen.

*448-449* • An der Südspitze der Halbinsel Baja California ragt die Felsformation El Arco aus dem Ozean.

# Isla Mujeres, im weißen Sand der Maya

*450* • Die wunderschönen Korallenformationen der Isla Mujeres liegen im National Reef Park Garrafón.

*450-451* • Playa Norte ist eines der Schmuckstücke der Isla Mujeres. An diesem strahlend weißen Sandstrand liegen viele Luxusresorts.

452 • Von Juni bis September können Tauchfans auf der Isla Mujeres mit Walhaien tauchen. Trotz ihrer Größe und ihres bedrohlichen Aussehens sind sie nicht gefährlich: Sie ernähren sich nur von Plankton.

452-453 • Meeresgründe voller Leben und eine schillernde Farbenwelt: Die Isla Mujeres ist ein Topziel für Taucher (und Schnorchler).

# In den Tiefen des Great Blue Hole vor Belize

- In der Mitte des Lighthouse Reef, vor der Küste von Belize, liegt das Great Blue Hole, ein eingestürztes System aus Kalksteinhöhlen, dessen komplexer geologischer Aufbau aus einem Stalaktiten-Labyrinth besteht.

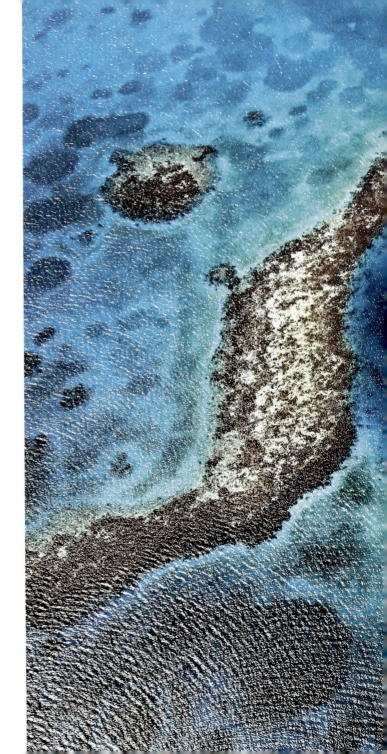

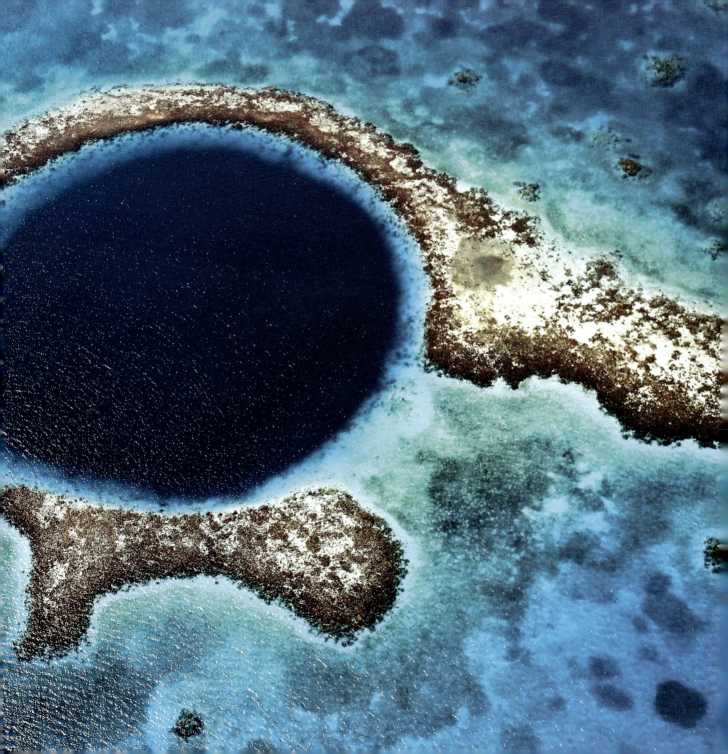

# Jamaika, im Rhythmus des Reggae

*456* • An der Nordküste Jamaikas öffnet sich der traumhafte Boston Beach.

*456-457* • Bob Marley ist eine unsterbliche Legende Jamaikas. Das Wandbild zeigt ihn mit Söhnen und Hailé Selassié unweit des ihm gewidmeten Museums in Kingston.

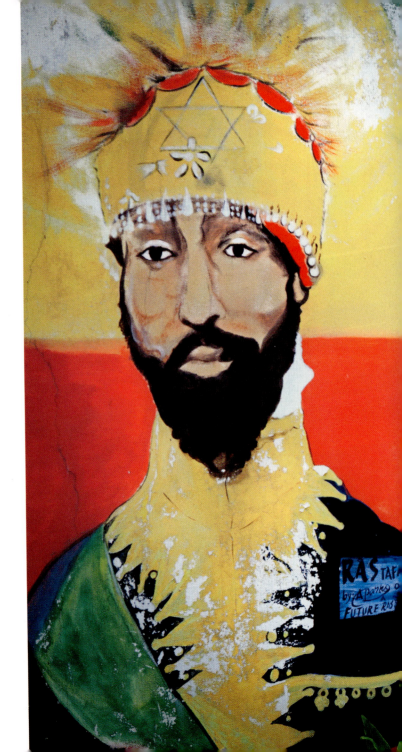

*458* • Ungefähr eine Stunde braucht man, um auf die Dunn's River Falls zu klettern. Das Wechselspiel aus Travertinstein-Terrassen und natürlichen Wasserbecken in diesen Wasserfällen unweit des Ortes Ocho Rios ist eines der Wunder Jamaikas und ein absoluter Besucherhit.

*458-459* • Eine abenteuerliche Fahrt mit dem Bambusfloß auf dem Martha Brae River gehört zu den interessantesten Unternehmungen im Norden Jamaikas.

# Costa Rica, hier herrscht die Natur

*460* • Lange Zeit hatte der Vulkan Arenal im Norden Costa Ricas geschlafen, bevor er 1968 mit seinem Ausbruch das Städtchen Tabacón zerstörte.

*460-461* • Laguna Caliente ist einer der beiden Kraterseen des Poás, einem der aktivsten Vulkane Costa Ricas.

*462* • Der Rotaugenlaubfrosch (*Agalychnis callidryas*) kommt sehr häufig vor in den Regenwäldern auf der Karibikseite Costa Ricas. Er ernährt sich von Insekten und jagt nur nachts.

*462-463* • Die Halbinsel Osa an der Südwestküste Costa Ricas wird von dichten Regenwäldern bedeckt. Diese schützt der Naturpark Corcovado, dessen Habitat eine besonders hohe Artenvielfalt aufweist.

*464* • 550 Kilometer vor der Pazifikküste Costa Ricas liegt die Isla de Cocos (Kokos-Insel). Sie ist bekannt für die höchste Haidichte der Welt. Superstars sind die Hammerhaie, die gefräßigsten und intelligentesten Raubtiere des Ozeans.

*464-465* • Beim Tauchen in den Meeresgründen Costa Ricas begegnet man neben Haien, Walen, Rochen und Mantas auch großen Stachelmakrelen-Schwärmen.

## Das Meer Brasiliens

*466-467 und 467* • Geschützt von einem Nationalpark, ist der Archipel Fernando de Noronha das Meeres-Shangri-La Brasiliens.

*468-469* • Zwischen den Dünenrippen des Nationalparks Lençóis Maranhenses bilden sich in der Regenzeit Süßwasserseen.

# An den Iguazú-Wasserfällen

- In der Sprache der Indios bedeutet Iguazú „großes Wasser". Das Schauspiel des Wassers, wie es auf einer Breite von 2700 Metern mit 275 Einzelfällen in die Tiefe stürzt, ist atemberaubend. Hier verläuft die Grenze zwischen Argentinien und Brasilien.

# Die grüne Hölle des Amazonas-Regenwaldes

*472* • Ein typisches Haus an einem Kanal der Insel Marajó im Mündungsbereich des Amazonas.

*472-473* • Der Fluss Nanay fließt im peruanischen Amazonas-Regenwald um die Stadt Iquitos. Er ist einer der 10.000 Nebenflüsse des größten Flusses der Erde.

*474* • Circa 2500 Huaorani leben als Jäger und Sammler in der Tiefe des Regenwaldes von Ecuador. Sie lehnen Kontakte mit der Außenwelt ab und sind ein perfektes Beispiel für die Anpassung an die Amazonas-Umwelt.

*474-475* • Bis zu 70 Meter hohe Kapokbäume mit riesigen Wurzeln, die aus dem Boden des Regenwaldes wachsen und sich bis zu 20 Meter ausbreiten, sind die Giganten der auf Artenvielfalt konzentrierten Tiputini-Forschungsstation im Amazonas-Regenwald Ecuadors.

• Das Pantanal ist mit 150.000 Quadratkilometern das größte Feuchtgebiet der Erde. Während der Regenzeit stehen große Teile seines Areals unter Wasser. Es gilt als das Ökosystem mit den weltweit meisten Pflanzenarten.In diesem grünen Universum leben viele Tiere, darunter Jaguare, Kaimane, Schlangen und unzählige Vogelspezies.

# Die Wüsten Südamerikas

*478-479* • Namensgeberin der im Südwesten der Hochebene Boliviens gelegenen Laguna Colorada ist die orangerote Farbe ihres Wassers, das reich an besonderen Algen und anderen Mikroorganismen ist. Zwischen September und November wird die Lagune von Tausenden Flamingos bevölkert.

*480-481* • Der 10.500 Quadratkilometer große, in 3700 Metern Höhe im Südwesten Boliviens gelegene Salar de Uyuni bietet fantastische Landschaftsbilder. Es handelt sich um die größte Salzfläche der Erde.

# Die Anden, auf den Gipfeln der Inka

482 • Einer der am schwersten zu besteigenden Berge der peruanischen Anden ist der Jirishanca in der Cordillera Huayhuash. Sein Gipfel mutet wie eine eisbedeckte Pyramide an.

483 • Wenngleich er die 6000 Meter knapp verfehlt und kleiner als die Nachbargipfel ist, gilt der Alpamayo als der bekannteste Berg der Cordillera Blanca in den Anden Perus.

● Eine indianische Frau mit ihrem Kind und ein junges Mädchen auf dem bunten Markt in Ollantaytambo. Unweit von Cuzco, inmitten der Natur des Heiligen Inkatals, ist dieses Städtchen eine der Top-Destinationen, um die Traditionen der Quechua-Indianer zu erleben.

# Patagonien, Reise an die Grenzen der Erde

*486* • Die granitene Felszinne des Cerro Torre ist eine historische Herausforderung für Bergsteiger.

*486-487* • Der Fitz Roy ist auch bekannt unter dem Namen Cerro Chaltén, der „Rauchender Berg" bedeutet.

*488-489 und 489* • Die Bergspitzen der Cuernos del Paine beherrschen den Lago Pehoé. Unter der Fauna des Nationalparks Torres del Paine in Chile sticht das Guanako hervor, eine Kamelart mit doppeltem Haarkleid.

*490-491* • Im Nationalpark Los Glaciares erstreckt sich der Perito-Moreno-Gletscher auf 250 Quadratkilometern. Jedes Jahr bestaunen zahlreiche Touristen den spektakulären Abbruch riesiger Gletscherbrocken und Eisnadeln.

492 • Kolonien Südamerikanischer Seelöwen bewohnen die Küsten Patagoniens. Diese Tierart zeichnet sich durch einen deutlichen Dimorphismus der Geschlechter aus.

493 • Den Felsenpinguin erkennt man an seinen gelben Schmuckfedern über dem Gesicht. Er lebt in großen Kolonien auf den Falklandinseln und am Kap Hoorn.

# Ein Schiff für die Antarktis

• Wer nicht Mitglied einer wissenschaftlichen Expedition ist, muss sich mit einem flüchtigen Blick auf die Küste der Antarktis im Südhalbkugel-Sommer begnügen, wenn die Tage hier am längsten sind und das Meer von Eisbergen übersät ist.

*496* • Eine Kolonie Kaiserpinguine genießt die Sonne des kurzen Sommers am Rossmeer. Die Entfernung zur offenen See hängt von der Jahreszeit ab: Im Winter müssen die Frackträger für die Nahrungsbeschaffung lange Wanderungen unternehmen.

*497* • Von seinem dichten Pelz vor der strengen Kälte geschützt, ruht sich dieser Antarktische Seebär nach der Jagd an der Küste der Insel Südgeorgien aus, die aufgrund der Artenvielfalt ihrer antarktischen Fauna auch den Beinamen „Serengeti des Südens" trägt.

b = Bildunterschrift

# REGISTER

**A**
Abtei Sénanque, Gordes, Frankreich 93b
Abu Simbel 185b
Adria 151b
Ägadische Inseln 35, 146, 146b
Ägäis 152b
Agios Nikolaos, Kreta 159b
Ahu Tongariki 382b
Aiguilles de Chamonix 73b
Aix-en-Provence 94b
Alaska 394, 398, 398b, 400b
Algarve 35, 85, 85b
Alpamayo 482b
Alpen 71, 75b, 79b
Altaigebirge 319b
Amalfiküste 140, 140b
Amazonas 472b
Amazonas-Regenwald 20, 395, 472, 472b
Amerikanische Jungferninseln 445b
Amsterdam 447b
Andalusien 35
Andamanensee 308b
Anden 396, 482, 482b
Angkor 21, 235, 307b
Angkor Thom 307b
Angkor Wat 304b
Antananarivo 222b
Antarktis 495, 495b
Antibes 96b
Antikes Theater, Taormina 142b
Antillen 447, 447b
Äolische Inseln 35, 145
Aphrodite-Thermalgarten, Ischia 138b
Arbatax 130b
Arches-Nationalpark 418, 418b
Arenal 460b
Arizona 415b
Arktischer Ozean 36
Aruba 447, 447b
Atacama-Wüste 396
Atrani 140b
Ayers Rock 341, 354b

**B**
Bāb al-Yaman, Sanaa 258b
Badaling 328b
Bagan 236, 300b
Bahamas 397, 434, 434b, 437b
Bahia Honda Bridge 426b
Bahia Honda Key 426b

Baikalsee 236, 267, 267b, 268b
Baja California 448, 448b
Bali 237, 315b, 316b
Banff-Nationalpark 400b
Bayahibe 442b
Baye de la Fresnaye 58b
Bayern 34, 66
Berg Sinai 252, 252b
Bermuda-Inseln 434, 439b
Bhagirathi 285b
Bhaktapur 276b
Biscayne-Nationalpark 426b
Blyde River 217b
Boca Chica Key 426b
Bodnath 276b
Bonifacio 105b
Bora Bora 345, 374b
Borneo 237
Bossons-Gletscher 73b
Boston Beach 456b
Botany Bay 343
Bottnischer Meerbusen 36b
Boulders Beach 220b
Bourke's Luck Potholes 217b
Bow Summit 400b
Bretagne 54
Bromo 312b
Bryce-Canyon-Nationalpark 418, 418b
Bucht der Côte d'Or 227b
Buddhistisches Kloster Lamayuru 282b
Burg Marina Corta 145b
Bwindi 208b

**C**
Cabo San Lucas 448b
Cagliari 132b
Cala Goloritzé 130b
Cala Macarella 88b
Cala Moresca 130b
Calanque Port-Miou 103b
Calanques 103b
Camogli 122b
Cannes 98b
Capo Bellavista 130b
Capo Testa 127b
Capri 34, 136b
Carvoeiro 85b
Cassis 103b
Castello Aragonese von Ischia 138b

Cayo Coco 429b
Cefalù 142
Cerro Torre 486b
Chamonix 75b
Champagne Pool 366b
Cher (Fluss) 63b
Chianatal 108b
Chichén Itzá 396
Chinesische Mauer 20, 328b
Chora 155b
Cinque Terre 124b
Colorado River 392b, 420b
Cordillera Blanca 482b
Cordillera Huayhuash 482b
Costa Smeralda 128b
Côte d'Azur 34, 96, 96b
Côtes-d'Armor 58b
Crozzon 81b
Cruz Bay 446b
Cuernos del Paine 489b
Cuillin Hills 48b
Cuzco 396, 484b

**D**
Dalmatien 33, 151b
Deadvlei 213b
Death Valley 412b
Death-Valley-Nationalpark 412b
Delicate Arch 418b
Denali-Nationalpark 394
Dent du Géant 71b
Derwent River 362b
Djemaa el Fna, Marrakesch 171b
Dolomiten 81, 81b
Dougga 173b
Drachental 140b
Drum Castle 50b
Dubrovnik 151b
Dunn's River Falls 458b
Dunnottar Castle 50b

**E**
Ed-Deir, Petra 251b
Eglinton Valley 369b
Eilean Donan 48b
El Arco 448b
El Djem (Thysdrus) 173b
Erg Ubari 188b
Etosha-Nationalpark 215b
Étretat 54b
Everglades 395, 423, 423b, 425b

**F**
Falklandinseln 492b
Favignana 146b
Felsendom, Jerusalem 242b
Felsentempel von Ramses II. 185b
Fernando de Noronha Inselgruppe 467b
Fès 168b
Fessan 188b, 190b, 192b
Festung Mehrangarh, Jodhpur 290b
Festung von Dalt Vila, Ibiza 88b
Feuerland 394
Fidschi-Inseln 344, 378b
Fiordland-Nationalpark 344, 370b
Fitz Roy 486b
Florida 395, 397
Florida Keys 426, 426b
Fort Amber 289b
Fort la Latte 58b
Fort San Felipe 441b
Freycinet-Halbinsel 362b
Fürstentum Monaco 100b
Fushimi Inari-taisha 335b

**G**
Gadertal 81b
Gadisar-See 290b
Galápagos-Inseln 385, 385b, 386b, 395
Galle 293b
Gallura-Küste 127b
Ganges 285, 285b
Gangotri-Gletscher 285b
Gansbaai 220b
Gaumukh 285b
Gebiet der Westfjorde, Island 43b
Geirangerfjord 47b
Geysir Strokkur 40b
Giant Sequoia National Monument 410b
Ginkaku-ji 333b
Gizeh 178b
Goldküste 85b
Golf von Mirabello 159b
Golf von Neapel 138b
Golf von Oristano 132b
Golf von Orosei 130b
Gornergletscher 77b
Gornergratbahn 77b
Gozo 149b
Grabeskirche, Jerusalem 244b
Gran Bahama 437b

Grand Canyon 392b, 395, 404b, 420b
Grand-Canyon-Nationalpark 420
Grand Prismatic Spring 406b
Great Barrier Reef 340, 358, 358b, 360b
Great Blue Hole 454, 454b
Great Glen (Tal), Schottland 48b
Grignan 93b
Großes Theater, Pompeji 118b
Guanxi 232b
Guilin 232b, 236
Guizhou 320b, 322b
Gyantse 273b

H
Hadramaut 258b
Halbinsel Le Morne Brabant 228b
Halbinsel Osa 462b
Halbinsel Trucadors 91b
Halong Bucht 235-236
Hamilton Island 340
Hassan-Turm, Rabat 167b
Hawa Mahal, Jaipur 289b
Hawaii 22b, 343, 345, 388, 388b, 390b
Higashiyama 333b
Himalaya 234, 236, 276b
Hobart 362b
Hollywood 34
Homer 400b
Horseshoe Bend 420b
Huanglong 328b
Hverir 40b
Hvitá (Fluss) 40b

I
Iguazú-Wasserfälle 6b, 21, 470, 470b
Île d'Ouessant 58b
Inle-See 303b
Insel Bartolomé 385b
Iquitos 472b
Irrawaddy (Fluss) 236, 300b
Isfjord 38b
Isla de Cocos (Kokos-Insel) 464b
Isla Fernandina 386b
Isla Mujeres 450, 450b, 452b
Island 33, 40, 43
Isola dei Conigli 146b
Itchan-Kala 265b

J
Jaipur 289b
Jaisalmer 290b

Java 312b
Jerusalem 242b
Jim Jim Falls 352b
Jirishanca 482b
Jobson's Cove 439b
Jodhpur 290b
Jungferninseln 397, 445

K
Kakadu-Nationalpark 352b
Kalifornien 394, 410b
Kalta Minot, Itchan-Kala 265b
Kamtschatka (Halbinsel) 236, 337, 337b, 338b
Kandy 295b
Kap Hoorn 492b
Kappadokien 238b
Kapstadt 220b
Karakul-See 327b
Karibik 397
Kasbah des Oudaïas, Rabat 167b
Kastelbell 81b
Katharinenkloster 252b
Kathedrale Saint-Sauveur 94b
Kathmandutal 276b
Katmai-Nationalpark 400b
Kauai 388b
Kayan Lakwi-Stamm 324b
Kenai River 400b
Kerala 237
Keys 397
Khazne al-Firaun, Petra 251b
Kilauea 388b
Kilimandscharo 164, 205b
Kingston 456b
Kinkaku-ji, Kyoto 333b
Klagemauer, Jerusalem 242b
Kljutschewskaja Sopka 337b
Ko Phi Phi Inselgruppe 308b
Ko Phuket 308b
Koh Phi Phi Leh 308b
Kolosseum, Rom 114b
Kornaten 151b
Korsika 105, 106b
Kraterseen des Poás 460b
Kreta 156b
Kronozki-Naturreservat 338b
Krüger-Nationalpark 217b
Kumbum, Gyantse 273b
Kuusamo 45
Kyaiktiyo (Goldener Felsen) 303b
Kykladen 35, 155b
Kyoto 236, 333b, 335b
Kyrene 175b

L
La Digue 227b
Ladakh 281, 281b, 282b
Lago Pehoé 489b
Laguna Caliente 460b
Laguna Colorada 479b
Lagune von Balos 156b
Lalibela 202, 202b
Lampedusa 146b
Lanzarote 87b
Lappland 33, 45
Lavezzi 106b
Leh-Kargil-Straße 282b
Leptis Magna 176b
Leuchtturm des Sanganeb Reef 196b
Leuchtturm Nividic, Ärmelkanal 58b
Li-Fluss 6b, 232b
Lighthouse Reef 454b
Ligurien 120, 120b
Lipari 145b
Loch Duich 48b
Loch Ness 48b
Loire 34
Los Roques 397
Lower Falls 404b
Luxor-Tempel 185b

M
Machu Picchu 22b, 396
Malediven 234, 296, 296b, 298b
Malta 149b
Maly Semjatschik 337b
Manarola 124b
Maota-See 289b
Marajó (Insel) 472b
Marina Corta 145b
Markisen-Inseln 345, 376b
Martha Brae River 458b
Masada 247b
Masai Mara Park 6b
Matterhorn 77b, 79b
Mattertal 79b
Mauritius 228, 228b
Mausoleum des Schahi-Sinda-Ensembles, Samarkand 263b
Medellin-Kartell 437b
Medrese Mir-i-Arab, Buchara-Oase 265b
Meerenge von Vulcano 145b
Meknès 168b
Mer de Glace 73b
Meroe 192b

Miao-Volk 322b
Milford Sound 370b
Min-Shan-Gebirge 328b
Mitre Peak (Bischofshut) 370b
Mittelmeer 18, 32, 33, 163
Mont Blanc 33, 71b, 73b, 75b
Mont Saint-Michel 30b, 54b
Montalcino 112b
Monte Rosa 77b
Montepulciano 108b
Monteriggioni 112b
Monument Valley 6b, 416, 416b
Moorea 374b
Moschee Mir-i-Arab, Buchara-Oase 265b
Mount Everest 271b, 276b
Mount McKinley 398b
Mount Olga 354b
Mount-Field-Nationalpark 364b
Muztagh Ata 327b
Mykonos 35, 155b
Mysterienvilla, Pompeji 118b

N
Na Pali Coast 388b
Nambung-Nationalpark 354b
Nanay (Fluss) 472b
Nassau 434b, 437b
National Reef Park Garrafón 450b
Nationalpark La-Maddalena-Archipel 127b
Nationalpark Lençóis Maranhenses 467b
Nationalpark Los Glaciares 489b
Nationalpark Torres del Paine 489b
Naturpark Corcovado 462b
Naturpark Puez-Geisler 81b
Navajo Nation 416b
Ngorongoro-Krater 207b
Niagarafälle 21
Nil 164
Nizza 96b
Nordsee 50b
Normandie 54
Northern Territory 354b
Nosy Be (Insel) 222b
Nuptse 276b

O
Oahu 22b
Oase Bahariya 181b
Oase Buchara 265b
Oase Ein Gedi 247b

Oase Farafra 183b
Oase Siwa 181b
Oase Wadi Feiran 252b
Oasenstadt Khiva 265b
Ocho Rios 458b
Ogliastra 130b
Okavango (Fluss) 165, 210b
Olchon 267b
Ollantaytambo 484b
Omo (Fluss) 164
Opunohu-Bucht 374b
Oranjestad 447b
Orciatal 110b, 112b
Osterinsel 345, 382b
Ota Darvosa, Itchan-Kala 265b

P
Palast von Knossos, Kreta 156b
Palatin 114b
Palau 347b
Palmarola 135b
Pamir-Hochebene 327b
Pamukkale 236, 241b
Pangong Tso 281b
Pantanal 395, 476b
Pantheon, Rom 114b
Papeete 376b
Papua-Neuguinea 236, 349b
Paradise Island 343
Pariser Oper 100b
Patagonien 394, 486, 492b
Peking 328b
Pelagische Inseln 146b
Perito-Moreno-Gletscher 489b
Petra 235, 251b
Peyto Lake 400b
Pienza 110b
Pinar del Río 430b
Pinnacles 354b
Platija de ses Illetes 91b
Playa Norte 450b
Pöllatschlucht 66b
Polynesien 340b, 344, 374b
Pompeji 118b
Ponta da Piedade 85b
Pontinische Inseln 135, 135b
Ponza 135b
Port Sudan 196b, 200b
Portofino 120b
Porto-Vecchio 105b
Potala-Palast, Lhasa 274b, 282b
Praslin 227b
Provence 93, 103b
Punta de Papagayo 87b

Punta Sabbatino 128b
Pura Ulun Danu Bratan 315b
Pyramiden von Gizeh 178b

Q
Qaryat al-Qabil 261b
Queensland 340, 358b

R
Racetrack Playa 412b
Rajasthan 235, 289
Rangiroa 340b
Ras-Mohammed-Nationalpark 252b, 257b
Registan-Platz, Samarkand 263b
Riese von Cerne Abbas 50b
Rio Negro 395
Riomaggiore 124b
Riviera di Levante 122b
Rock Islands 347b
Rocky Mountains 6b, 398, 400b
Rom 114
Rosa Strand, Budelli 127b
Rossmeer 496b
Rotes Meer 22b, 164, 196, 237, 257b
Rotorua 344, 366b
Royal Towers 434b
Russell-Fälle 364b

S
Sahara 160b, 162, 164, 188
Saint Tropez 98b
Saint-Malo 54b
Saint-Paul-de-Vence 94b
Saint-Pierre (Insel) 227b
Salar de Uyuni 479b
Salinen-Naturpark von Formentera 91b
Salvador da Bahia 397
Salzburg 34
Salzseen des Erg Ubari 188b
Samarkand 263b
Samoa-Inseln 345, 378b
San Gimignano 110b
Sanaa 258b, 261b
Sancti Spiritus 433b
Sansibar 164
Sant'Angelo d'Ischia 138b
Santa Margherita Ligure 122b
Santo Domingo 441b, 442b
Santorin 35, 152b
Sardinien 106b, 127, 127b, 130b
Sassongher 81b

Schloss Chambord 64b
Schloss Chenonceau 63b
Schloss Linderhof 68b
Schloss Neuschwanstein 66b
Schloss Ussé 60b
Schloss Versailles 63b, 68b
Schloss Villandry 60b
Schlucht Siq 251b
Schottland 48
Seilbahn Chamonix-Aiguille du Midi, Mont Blanc 73b
Seneser Gebirge 112b
Serengeti 165
Sesriem-Canyon 213b
Seychellen 227, 227b
Shark Alley 220b
Sharm el-Sheikh 252b
Shivling 285b
Shwedagon-Pagode, Yangon 300b
Sibirien 236
Sichuan 328b
Sierra del Escambray 430b
Sierra Nevada 410b
Sigiriya-Felsen 295b
Simpson-Wüste 22b
Sinai Halbinsel 252b
Singuttara-Hügel 300b
Sinis-Halbinsel 132b
Sizilien 35, 142
Sokotra 237
Sossusvlei 213b
Spanish Harbor Key 426b
Sphinx von Gizeh 178b
Spitzbergen 36b
Sri Lanka 293, 293b
St. John 446, 446b
St. Petersburg 34
Stonehaven 50b
Stonehenge 34, 52b
Strand Anse Source D'Argent, Seychellen 6b
Strand der Wayasewa Island 378b
Strand Maronti, Ischia 138b
Strand Palombaggia, Korsika 105b
Straße von Bonifacio 106b
Straße von Mosambik 222b
Südgeorgien (Insel) 496b
Südinsel 369b, 370b
Sydney 20, 343

T
Ta Prohm 307b
Tabacón 460b
Table Mountain National Park 220b

Tadrart Acacus 190b
Tahiti 343, 345
Taj Mahal 18
Tal des Wadi Dhahr 261b
Tamarin-Fälle 230b
Tanah Lot Inseltempel 315b
Tasmanien 362, 362b, 364b
Tavolara 128b
Te Anau 369b
Tempel Bayon 307b
Tempel von Philae 185b
Tengger-Vulkan-Massiv 312b
Terres de Couleurs von Chamarel 230b
Tharros 132b
Theater von Sabratha 176b
Thikse Gompa 282b
Thira 6b, 152b
Tibet 234, 271, 273b
Tieqa Zerqa 149b
Tiger Beach 437b
Tikál 396
Tiputini-Forschungsstation 474b
Titicacasee 396
Tonle-Sap-See 304b
Toskana 34, 108b
Totes Meer 247b
Tripolitanien 176b
Troizki Säuresee 337b
Trou aux Biches 228b
Tsingy de Bemaraha 224b
Tuamotu-Archipel 340b
Tuareg 188, 190b
Tyrrhenisches Meer 135b

U
Uçhisar 238b
Uluru-Kata Tjuta-Nationalpark 354b
Upolu (Insel) 378b
Urquhart Castle 48b
Utah 418b

V
Valle di Viñales 430b
Valletta 149b
Varanasi 285b
Vatu Vula 378b
Vermilion Cliffs National Monument 415b
Vesuv 118b
Via Krupp, Capri 136b
Victoriafälle 21, 165, 210b
Villa Adriana, Tivoli 116b
Villasimius 132b

Virunga-Berge 208b
Visoke 208b
Vulcano 145b

W
Wai-o-Tapu Thermalgebiet 366b
Wasserfälle Dei Sju Systre 47b
Weiße Wüste 183b

Western Australia 354b
Westsee von Hangzhou 331b
Whakarewarewa Geothermalfeld 366b
Whitsunday Islands 358b
Wineglass Bay 362b
Wingate Reef 200b
Wüste Wadi Rum 249, 249b

Y
Yamuna 18
Yasawa-Inseln 378b
Yellowstone River 404b
Yellowstone-Nationalpark 395, 404b, 406b
Yosemite Valley 409b
Yosemite-Nationalpark 409b

Yunnan 237

Z
Zabriskie Point 412b
Zermatt 77b, 79b
Zhejiang 331b
Zhupanova (Fluss) 338b

# FOTONACHWEIS

Adam Woolfitt/Corbis: S. 66
AFP/Getty Images: S. 106
age fotostock/SuperStock: S. 477
Alberto Loyo/123RF: S. 370
Aleksandar Todorovic/123RF: S. 314-315
Alexey Stiop/123RF: S. 24-25
Alfio Garozzo/Archiv White Star: S. 152, 152-153, 155, 156, 166-167, 167, 470, 470-471, 490-491
almondd/Shutterstock: S. 223
Alvaro Leiva/age fotostock: S. 440-441
Anastasios71/Shutterstock: S. 2-3
Andrew Watson/Getty Images: S. 359
Angelafoto/iStockphoto: S. 136
Anne Conway/Archiv White Star: S. 122
Anton_Ivanov/Shutterstock: S. 493
antonel/123RF: S. 370-371
Antonio Attini/Archiv White Star: S. 68-69, 112, 118, 120-121, 122-123, 124, 124-125, 126-127, 128-129, 136-137, 168, 186-187, 252-253, 418, 418-419, 428-429, 430, 430-431
apiguide/Shutterstock: S. 308
Araldo De Luca/Archiv White Star: S. 119, 175, 176, 176-177
Arco/F. Schneider/age fotostock: S. 442-443
Arco/K Kreder/age fotostock: S. 127
Art Wolfe/DanitaDelimont.com: S. 102-103
artifant/Blickwinkel/age fotostock: S. 172-173
Bartlett, des & Jen/National Geographic: S. 492
bartuchna@yahoo.pl/Shutterstock: S. 112-113
Benedikt Saxier/Shutterstock: S. 478-479
Bernhard Edmaier/Tips Images: S. 435
Bert van Wijk/Getty Images: S. 446-447
Bertl123/Shutterstock: S. 110-111
Bill Perry/Shutterstock: S. 412-413

Blaine Harrington III/Corbis: S. 426-427
bobascott/Shutterstock: S. 224
Brian Lawrence/Photographer's Choice/Getty Images: S. 67, 98-99
Brooke Whatnall/National Geographic: S. 316-317
Bruno Morandi/Robert Harding World Imagery/Corbis: S. 54
Bruno Morandi/The Image Bank/Getty Images: S. 264-265, 322-323
Bule Sky Studio/Shutterstock: S. 301
C. Dani & I. Jeske/De Agostini Picture Library: S. 374
C. Sappa/De Agostini Picture Library: S. 227, 228
Calvin Chiu/123RF: S. 271
cesc_assawin/Shutterstock: S. 318-319
Chicurel Arnaud/hemis/age fotostock: S. 60
Chris Bradley/Axiom Photographic/age fotostock: S. 202
Chris Schmid/Getty Images: S. 382-383
Christian Kober/AWL Images/Getty Images: S. 73
Christian Wheatley/Getty Images: S. 445
Christophe Boisvieux/age fotostock: S. 261
Chuck Haney/DanitaDelimont.com: S. 4-5
clodio/iStockphoto: S. 110
colacat/Shutterstock: S. 402-403
Colin Monteath/Hedgehog House/Minden Pictures/Corbis: S. 372-373
CraigBurrows/Shutterstock: S. 49
czardases/123RF: S. 364
Dallas John Heaton/age fotostock: S. 244-245
Daryl & Sharna Balfour/NHPA/Photoshot: S. 10-11
Dave G. Houser/Corbis: S. 447

David Edwards/National Geographic: S. 420-421
David Krijgsman/Shutterstock: S. 480-481
David Steele/123RF: S. 356-357
David Thyberg/Shutterstock: S. 489
Denis Rozan/Shutterstock: S. 156-157
Derek von Briesen/National Geographic: S. 14-15
Dmitry Kushch/123RF: S. 304-305
Dmitry_Saparov/iStockphoto: S. 384-385
Dophoto/Shutterstock: S. 56-57
Doug Pearson/JAI/Corbis: S. 456-457
Douglas Pearson/Getty Images: S. 19
Dr. Morley Read/Shutterstock: S. 472-473
Egmont Strigl/age fotostock: S. 262-263
elvistudio/Shutterstock: S. 450
Emmanuel Berthier/hemis.fr/Getty Images: S. 44-45
Enea/De Agostini Picture Library: S. 495
Environmental Images/Universal Images Group/age fotostock: S. 474
erandalx/iStockphoto: S. 294-295
Eric Baccega/Tips Images: S. 208
Europhotos/Shutterstock: S. 149
Fedor Selivanov/123RF: S. 316
feiyuezhangjie/Shutterstock: S. 233
feiyuwzhangjie/123RF: S. 329
Felix Lipov/Shutterstock: S. 410-411
Filip Fuxa/123RF: S. 40-41
Francesco R. Iacomino/Shutterstock: S. 109, 416-417
Franco Barbagallo/Archiv White Star: S. 62-63, 64, 74-75
Francois Gagnon/Shutterstock: S. 204-205
Frank Bienewald/LightRocket/Getty Images: S. 282
Frans Lanting/National Geographic: S. 497

freeartist/123RF: S. 61
Frischknecht Patrick/Marka: S. 72-73
G. Sioen/De Agostini Picture Library: S. 241
G. Sosio/De Agostini Picture Library: S. 212-213, 213
gadagj/123RF: S. 45
Galyna Andrushko/Shutterstock: S. 483
Gardel Bertrand/age fotostock: S. 150-151
Gardel Bertrand/hemis Sas/age fotostock: S. 108
Gary Yim/Shutterstock: S. 414-415
Gentoo Multimedia Limited/Shutterstock: S. 38
George Burba/Shutterstock: S. 388
George Steinmetz/Corbis: S. 468-469
George Steinmetz/National Geographic: S. 202-203
Gigi Peis/Shutterstock: S. 191
Giulio Veggi/Archiv White Star: S. 68, 81, 85, 142, 144-145, 146-147, 186, 252
Gleb Tarro/Shutterstock: S. 401
Glen Allison/Stone/Getty Images: S. 289
hadynyah/iStockphoto: S. 484
Hang Dinh/123RF: S. 302-303
henk_ruitenbeek/iStockphoto: S. 211
holbox/Shutterstock: S. 86-87, 88
Iago Corazza: S. 348-349, 351
ifish/iStockphoto: S. 347
Igor Shpilenok/naturepl.com/Bluegreen: S. 336-337, 338-339
imagebroker.net/SuperStock: S. 476
Ingrid Visser/Hedgehog House/Minden Pictures/Corbis: S. 38-39
Ivan M Munoz/Shutterstock: S. 488-489
Ivan Vdovin/age fotostock: S. 263, 265
J. Schelkle/Shutterstock: S. 138
Jacques Pierre/hemis/age fotostock: S. 95
jakobradlgruber/Shutterstock: S. 486
Jamen Percy/123RF: S. 43
James Forte/National Geographic: S. 448
Jennifer Barrow/123RF: S. 120
jiless/iStockphoto: S. 386
Jim Lopes/123RF: S. 415
Jim Wark: S. 423
João Vianna/Flickr/Getty Images: S. 466-467
Johan Swanepoel/123RF: S. 214-215, 215
John Banagan/Marka: S. 9
Jon Helgason/123RF: S. 424-425
Jon Hicks/Premium/age fotostock: S. 438-439
JoseIgnacioSoto/iStockphoto: S. 31

JTB Photo Communications/age fotostock: S. 454-455
Juan Carlos Muñoz/age fotostock: S. 148-149, 173
Katharina Jäger/Premium/age fotostock: S. 458-459
Keith Levit/123RF: S. 485
Keren Su/China Span/Getty Images: S. 320, 321
Keren Su/Lonely Planet Images/Getty Images: S. 322
Kevin Miller/iStockphoto: S. 276
Kheng Guan Toh/123RF: S. 75
KimberlyDeprey/iStockphoto: S. 393
Kkulikov/Shutterstock: S. 231
kojihirano/Shutterstock: S. 420
Kokhanchikov/Shutterstock: S. 288-289
Krishna.Wu/Shutterstock: S. 154-155, 326-327
Krzysztof Wiktor/123RF: S. 406-407
Last Refuge/Robert Harding World Imagery/Corbis: S. 52
Last Refuge/Robert Harding World Imagery/Getty Images: S. 53, 209
Law Alan/123RF: S. 334-335
Leiva Alvaro/age fotostock: S. 132
LiliGraphie/Shutterstock: S. 96
Livio Bourbon/Archiv Bourbon: S. 306-307, 307, 310-311, 432-433, 433
Loic Lagarde/Flickr/Getty Images: S. 58
Luis Louro/Shutterstock: S. 462
M. Santini/De Agostini Picture Library: S. 398-399, 494-495
Marcello Bertinetti/Archiv White Star: S. 71, 78-79, 82-83, 114, 114-115, 116, 116-117, 134-135, 135, 140, 140-141, 178, 178-179, 180-181, 181, 182-183, 184-185, 207, 254-255, 270-271, 273, 276-277, 284-285, 285, 341, 374-375, 376-377
Marcello Libra/Archiv White Star: S. 151, 242, 243, 244
Marco Simoni/Robert Harding World Imagery/Corbis: S. 90-91
Mariusz S. Jurgielewicz/Shutterstock: S. 412
mariusz_prusaczyk/iStockphoto: S. 364-365
Mark Evans/iStockphoto: S. 358
Martin Jung/age fotostock: S. 132-133
Martin Jung/Marka: S. 130-131
Martin Strmko/iStockphoto: S. 23
Masa Ushioda/age fotostock: S. 426
Masa Ushioda/Tips Images: S. 436-437

Massimo Borchi/Archiv White Star: S. 238, 238-239, 248-249, 249, 250-251, 251
Massimo Borchi/Atlantide Phototravel/Corbis: S. 104-105
Massimo Borchi/De Agostini Picture Library: S. 139
Matej Kastelic/123RF: S. 100
Mauricio Handler/National Geographic/Getty Images: S. 450-451
Mauricio Handler/National Geographic: S. 452
McPHOTO/Blickwinkel/age fotostock: S. 452-453
Michael & Patricia Fogden/Minden Pictures/National Geographic: S. 462-463
Michael Lawrence/Lonely Planet Images/Getty Images: S. 437
Michael Mattner/iStockphoto: S. 458
Michael Melford/National Geographic: S. 338
Michele Cornelius/123RF: S. 400
Michele Falzone/age fotostock: S. 88-89
Mike Norton/123RF: S. 405
Moirenc Camille/hemis/age fotostock: S. 94, 96-97, 98, 106-107
Moodboard/123RF: S. 380
Morandi Bruno/Corbis: S. 266-267
mradlgruber/Shutterstock: S. 142-143
mtphoto19/123RF: S. 366
natursports/123RF: S. 386-387
ndphoto/Shutterstock: S. 218-219
Nick Rains/Corbis: S. 26-27
Nickolay Vinokurov/Shutterstock: S. 247
Nico Tondini/Robert Harding World Imagery/Corbis: S. 444-445
Nigel Pavitt/JAI/Corbis: S. 295
Norbert Probst/age fotostock: S. 464
Norbert Probst/imageb/Marka: S. 256-257
Norbert Scanella/age fotostock: S. 103
OlegD/Shutterstock: S. 290
Olimpiu Alexa-Pop/123RF: S. 70-71
Oliver Taylor/123RF: S. 42-43
orangecrush/Shutterstock: S. 216-217
ostill/Shutterstock: S. 100-101
P. Jaccod/De Agostini Picture Library: S. 355
Pal Teravagimov/Shutterstock: S. 206-207
Pam Blizzard/Shutterstock: S. 434
Patric Dieudonne/Robert Harding World Imagery/Getty Images: S. 50
Paul Chesley/National Geographic: S. 354
Paul Nicklen/National Geographic: S. 496

Paul Souders/Corbis: S. 390, 391
Paul Sutherland/National Geographic: S. 298, 298-299
Pawel Wysocki/Hemis/Corbis: S. 50-51
Peter Barritt/Robert Harding World Imagery/Getty Images: S. 36-37
Peter Groenendijk/Robert Harding Picture Library/age fotostock: S. 174-175
PHB.cz (Richard Semik)/Shutterstock: S. 64-65
Philippe Bourseiller/The Image Bank/Getty Images: S. 385
Philippe Michel/age fotostock: S. 128
photopixel/Shutterstock: S. 441
PhotoSky/Shutterstock: S. 220-221
photovideostock/iStockphoto: S. 146
Pichugin Dmitry/Shutterstock: S. 486-487
Pierre-Yves Babelon/123RF: S. 222
Pierre-Yves Babelon/YAY Micro/age fotostock: S. 224-225
plastic_buddha/iStockphoto: S. 286-287
posztos/Shutterstock: S. 170-171
prasit chansareekorn/Shutterstock: S. 328
Raga Jose Fuste/Prisma/age fotostock: S. 258-259
Ralph Lee Hopkins/National Geographic: S. 448-449
Reinhard Dirscherl/age fotostock: S. 346-347
Reinhard Dirscherl/Marka: S. 257
Reinhard Dirscherl/WaterFrame/age fotostock: S. 442
Reinhard Dirscherl/WaterFrame/Getty Images: S. 200, 200-201
renelo/iStockphoto: S. 352
Rich Reid/National Geographic: S. 378-379
Richard Semik/123RF: S. 92-93
Rigamondis/Shutterstock: S. 169
Robert Francis/Robert Harding World Imagery/Corbis: S. 87
Robert Harding World Imagery/Alamy/Milestone Media: S. 350-351
Roberto Rinaldi/Tips Images: S. 230
Rodrigo Valença/Flickr Open/Getty Images: S. 467
Rolf Hicker/All Canada Photos/Getty Images: S. 368-369
rozabel/123RF: S. 145
rusm/iStockphoto: S. 367
S. Vannini/De Agostini Picture Library: S. 190
s4anchita/123RF: S. 280-281

saiko3p/Shutterstock: S. 309, 315
Sandro Vannini/Corbis: S. 36
Santirf/iStockphoto: S. 80-81
Sarah Fields Photography/Shutterstock: S. 388-389
Sarun Laowong/Getty Images: S. 46-47
Sean Davey/Aurora Photos/Corbis: S. 28-29
Serg Zastavkin/Shutterstock: S. 48
Sergey Okulov/123RF: S. 7
sergeyp/123RF: S. 268
Serghei Starus/Shutterstock: S. 240-241
Sergio Canobbio/Getty Images: S. 12-13
Sergio Pitamitz/age fotostock: S. 456
Sergio Stakhnyk/Shutterstock: S. 84-85
Seux Paule/hemis.fr/Getty Images: S. 290-291
Shadowmac/Shutterstock: S. 425
shkonst/iStockphoto: S. 268-269
Shu Kai Chan/Corbis: S. 274-275
ShutterWorx/iStockphoto: S. 324-325
Silver-john/Shutterstock: S. 47
Sjo/iStockphoto: S. 40
Slow Images/Photographer's Choice/Getty Images: S. 76-77, 105
Snvv/Shutterstock: S. 16-17
Sonderegger Christof/Prisma/age fotostock: S. 472
Specta/Shutterstock: S. 198-199, 199
Stacy Gold/National Geographic: S. 410
Stefan Auth/imagebroker/age fotostock: S. 272-273
stevanzz/123RF: S. 93
Steve Estvanik/123RF: S. 482
Steve Parish/Steve Parish Publishing/Corbis: S. 352-353, 363
SteveByland/iStockphoto: S. 406
Stichelbaut Benoit/age fotostock: S. 54-55
Stichelbaut Benoit/hemis.fr/Getty Images: S. 58-59
Strigl Egmont/Atoz/age fotostock: S. 260-261
Suwit Gamolglang/Shutterstock: S. 312-313
Sven Okun/NA/Novarc/Corbis: S. 378
Sylvain Grandadam/age fotostock: S. 460-461
Sylvain Grandadam/Robert Harding World Imagery/Corbis: S. 422-423
Sylvain Grandadam/Stone/Getty Images: S. 194-195
Sylvain Grandadam/The Image Bank/Getty Images: S. 228-229
terstock: S. 332-333

thaagoon/Shutterstock: S. 303
thejack/iStockphoto: S. 210
Thierry Falise/LightRocket/Getty Images: S. 324
Thomas Kokta/Workbook Stock/Getty Images: S. 220
Thomas La Mela/Shutterstock: S. 333
Tim Laman/National Geographic: S. 474-475
Tim Rock/Lonely Planet/Getty Images: S. 454
Tiziana Gerlin und Gianni Baldizzone/Archiv White Star: S. 161, 188-189, 192, 192-193
Tomas1111/Shutterstock: S. 319
Tono Balaguer/easyFotostock/age fotostock: S. 91
Tony Northrup/Shutterstock: S. 460
tswinner/iStockphoto: S. 380-381
URF/F1online/age fotostock: S. 292-293
V. Giannella/De Agostini Picture Library: S. 226-227
Vadim Petrakov/Shutterstock: S. 278-279
Visions Of Our Land/Workbook Stock/Getty Images: S. 79
Visuals Unlimited/Corbis: S. 360
Vitaliy Markov/123RF: S. 217
Vladimir Melnik/Shutterstock: S. 196-197
Vladimir Sklyarov/Shutterstock: S. 158-159
Vold77/iStockphoto: S. 296-267
Volvox/Marka: S. 464-465
W. Buss/De Agostini Picture Library: S. 404
Winfried Wisniewski/age fotostock: S. 337
Yann Arthus-Bertrand/Corbis: S. 362
zhu difeng/Shutterstock: S. 330-331
ZM_Photo/Shutterstock: S. 282-283
Zoonar/Jamie Pham/Marka: S. 408-409
Zzvet/Shutterstock: S. 300

*Umschlagvorderseite*
Der herrliche Strand der Bucht Anse Source D'Argent auf der Insel La Digue, der „Perle des Indischen Ozeans" im Archipel der Seychellen.
© *Cornelia Doerr/Getty Images*

*Umschlagrückseite*
Die unverwechselbare Silhouette des Khmer-Tempels in Angkor Wat, Kambodscha, vor einem feuerroten Abendhimmel.
© *Dmitry Kushch/123RF*

## AUTOR DER TEXTE

**Jasmina Trifoni**, Jahrgang 1966, schloss ihr Studium der Politikwissenschaft an der Universität Padua ab. Die erfahrene Reisejournalistin war zehn Jahre in der Redaktion des italienischen Magazins *Meridiani* tätig und arbeitet heute freiberuflich für die wichtigsten italienischen Reisezeitschriften. Zusammen mit Marco Cattaneo verfasste sie das von Emergency veröffentlichte Buch *Afghanistan: le donne, la guerra, l'Islam* (2001). Aus ihrer Feder stammen ferner die drei Bände - *I Tesori dell'Arte* (2002), *I Santuari della Natura* (2003) und *Antiche Civiltà* (2004) - der Reihe über das Unesco Weltkulturerbe sowie die Bildbände *Le Città del Mondo* (2005), *80 Isole dove fuggire... e vivere felici* (2012) und *Antiche Civiltà* (2013), die alle vom Verlagshaus Edizioni White Star herausgegeben wurden.

WS Edizioni White Star® ist eine eingetragene Marke von De Agostini Libri S.p.A.

© 2014 De Agostini Libri S.p.A.
Via G. da Verrazano 15
28100 Novara, Italien
www.whitestar.it - www.deagostini.it

Übersetzung und redaktion Deutschland: Soget s.r.l.

Alle Rechte vorbehalten.
Kein Teil des Werkes darf in irgendeiner Form (durch Fotokopie, Mikrofilm oder ein ähnliches Verfahren) ohne die schriftliche Genehmigung des Verlages reproduziert oder unter Verwen-dung elektronischer Systeme verarbeitet, vervielfältigt oder verbreitet werden.

ISBN 978-88-6312-191-9
1 2 3 4 5 6   18 17 16 15 14

Gedruckt in China